読書する人だけがたどり着ける場所

只有读书人才能达到的地方

[日] 斋藤孝 著

中国青年出版社
CHINA YOUTH PRESS

图书在版编目(CIP)数据

只有读书人才能达到的地方/(日)斋藤孝著；金香兰译.
—北京：中国青年出版社，2021.3
ISBN 978-7-5153-6195-6
Ⅰ.①只… Ⅱ.①斋… ②金… Ⅲ.①读书方法 Ⅳ.①G792
中国版本图书馆CIP数据核字（2020）第191341号

只有读书人才能达到的地方

作　　者：[日]斋藤孝
译　　者：金香兰
策划编辑：刘　吉
责任编辑：胡莉萍
美术编辑：佟雪莹
出　　版：中国青年出版社
发　　行：北京中青文文化传媒有限公司
电　　话：010-65511272 / 65516873
公司网址：www.cyb.com.cn
购书网址：zqwts.tmall.com
印　　刷：大厂回族自治县益利印刷有限公司
版　　次：2021年3月第1版
印　　次：2023年1月第2次印刷
开　　本：880×1230　1/32
字　　数：120千字
印　　张：4.75
京权图字：01-2020-3234
书　　号：ISBN 978-7-5153-6195-6
定　　价：39.90元

目 录

读書する人だけがたどり着ける場所

前　言

春光无限好，正是读书时

关于读书的乐趣和意义，我已经反复讲过很多次。

无论在什么时代，读书始终是一件非常有益的事情。读书不仅可以帮助你提高思考能力、丰富想象力，当你陷入困境茫然无措时，还可以给予你前进的力量。若想塑造完美的自我、丰富自己的人生阅历，那么读书是人生中必不可少的一部分。读书创造的人生价值是永恒的，所以我想对读者说："趁现在还不晚，请开始读书吧！"

是不是很早之前开始经常被人说"现在变得不怎么读书了"，有些人可能听得耳朵里快磨出茧子了吧。

如果只是说"听得耳朵疼"而敷衍了事的人暂且不谈，更有甚者，居然还会翻脸且反问"不读书怎么了"？我对此印象非常深刻。

前几天，我看到了一个非常难以置信的数据。这个数据显示，有一半以上的大学生的“读书时间为0”（数据来源：第53届全国[1]大学生活协同组合联合会组织的学生生活实际状况调查报告；数据显示，有53.1%的大学生回答一天的阅读时间为“0分钟”）。

在大学执教的我，虽然对大学生的读书现状有所了解，但是看完统计数据后仍不免受到巨大打击。作为理科生平时主要看论文类的读物，把时间和精力投入到做实验和计算方面，故读书的时间少是可以理解的。但是，文科生不读书这个事实让我很惊讶。

这些学生既然都不读书，那么，平时都做些什么呢？

网上浏览文章与读书是有区别的

虽说他们没有读书，但并不意味着没有看字读句。反倒是在大量地看字读句呢。看的基本都是互联网上的内容、社交网站的内容。也许有人会说“我虽然没看纸质书，但是看电子书也是可以的吧”。

“网上不是应有尽有吗？”的说法的确所言非虚。互联网上每天不断地在更新巨量的信息，除了有最新的新闻以外，还有古往今来的故事与其相关的解释，以及包含了浏览者的评论内容。在网上的“青空文库”中，可以阅览著作权已到期的作品。

所以说，“不用刻意去读纸质书，利用互联网浏览各类信息和知

① 全国指的是日本。

识”的见解，的确也没有错。

但是，在线阅读和读书之间存在着明显差异。那就是“体验”不同。

使用互联网在线浏览时，常常不能耐心且专注于某个内容，而是快速地看完之后急着跳转到其他内容。我们往往被更有趣的、更吸引眼球的内容所诱惑。网络上发布大量信息的同时还充斥着引人注目的标题、图片等令人目不暇接。因而，专注于一个内容上的时间变得越来越短。

最近，越来越多的人利用网络听音乐了，但线上听音乐的“体验方式”的设定却是无法试听歌曲的前奏。这种体验方式很容易使用户没等听完这一首歌曲就迫不及待地去找下一首歌曲。曾经有一位音乐人跟我说过，就为了应对此种体验方式，他不得不制作从副歌部分开头的曲子。

有一份研究报告指出现代人的专注力在逐渐下降。2015年微软公司发表的数据显示，现代人的注意力持续时间（能够专注于一件事情上的时间）仅有8秒。2000年的调查数据是12秒，而到如今减少了4秒，变得比金鱼的9秒还短。

毫无疑问，这应该就是互联网造成的影响吧。尤其是随着智能手机的普及，人们经常使用智能手机访问各种各样的网站、经常访问社交网站仅进行简短的互动，在某种意义上这也算是“适应时代需求”的结果。

“读者”消失的时代

访问网站浏览信息和读书是完全不同的两种行为。

访问某个网站阅览文章时，我们的身份不是“读者”，而是“消费者”。

我们自己把握着主导权，理所当然地会选择自己更感兴趣的内容。认为“这个不怎么样”“这个没意思”就马上舍去，认为“这个太有意思了”就不断地消费下去。

这种盲目冲动的“消费”是无法积累知识的。这种看似频繁地登录网站获取各种信息，实际上都有些莫名的“腾云驾雾”感，没有掌握任何东西。即使阅读的当时可能有所领悟，但转瞬之间又忘得一干二净。人们或许总能够获取一些浅薄的知识，但是仅凭浅薄的知识不会给我们创造充实而有意义的人生。

表面上这是网络信息的问题或是使用工具的问题，但归根结底还是我们的“姿态”问题。

当我们决定阅读一本自己敬重的某一作者的著作时，就会正襟危坐，保持洗耳恭听的姿态。好比你和作者俩人坐在一间4个半榻榻米大小的房间里，听作者娓娓道来。这时，即使中途出现些无聊的状况，你也不会轻易地逃脱，你需要付诸自己的耐心听到底。

如果你对面坐着的是位天才作家，那么就会勾起你“想快点听接下来的内容啊”的欲望，也会使你废寝忘食地读下去。但是，如果换成是你和陀思妥耶夫斯基俩人在一个房间，让你连续听他讲3个月，几乎所有人都想溜之大吉吧（就算是非常好的一次体验）。实际上，所有人都在逃离。

假设这时你没有逃脱，而是听到了最后会是什么样呢？结果是这次经历会作为一次“体验”印刻在你的身上。读书也是一种“体验”。有这么一种说法，当我们将自己的情感融入到书中登场的人物来阅读时，我们大脑的活动状态和实际体验时的脑活动状态非常接近。

体验会影响我们人格的形成。我想你也一定有过让你觉得“现在的你都是那些体验造就的”体验。

我们正是因为体验过痛苦与悲伤，才得以理解他人的感受；正是因为战胜了痛苦与悲伤，才会变得更加强大、更加自信。如果患过重病或经历过其他让人意识到生命之宝贵的事情，就可能意识到眼下这一瞬间的宝贵，使人格发生改变。

虽然一个人的体验是有限的，但是我们可以通过读书获得模拟体验。我们可以通过读书升华人生，深入了解人性、丰富想象力、提升人格魅力。

当然，有人会说实际体验比读书重要。对此我也很认同，实际的体验的确很重要。不过，我认为读书和体验并不矛盾。读书，有时会让我们产生“对，就是这个，我一定要体验一次”的动力。除此之外，读书也能够让我们体会到妙不可言的亲身体验的意义。

读书可以让你的实际体验价值提升几十倍。

本书基于“读书可以让人生变得更有意义”的前提，一方面讲述如何灵活利用网络及社交平台，另一方面讲述如何选书以及如何阅读。如果通过本书能帮助喜爱读书的人以及最近不怎么读书的人再次发觉读书的重要性及读书的好处，那将是我的荣幸。

斋藤孝

読書する人だけがたどり着ける場所

序　章

为什么要读书

写给那些认为“网上浏览就行”的人

现代的社会被称为信息化时代，这种说法就好像我们每天都能接收到大量的信息一样。的确，网上的信息量大得惊人，你想要的信息上网都可以搜得到。但是，在我的印象中，大家并没有真正获取到多少信息。

我们经常不停地摆弄着智能手机，却经常发生一问三不知的情况。比如被问到“最近这个热搜新闻你听说了吧？”的时候，只能反问对方“这个话题挺耳熟的，具体是什么内容啊”？我们貌似只是蜻蜓点水般地触碰了一下信息的表面部分，读取了信息的关键词，而没有读取信息的细节部分。

还有一部分人表示只浏览“UGC”（用户原创型网站）。他们认为这个网站发布的信息都是经简化并整合后的产物，所以自以为已经了如指掌。但是，当被问到相关信息时却回答不上来。而且还经常发生理解错误或者转头就忘记的情况。

我们经常把网络比作海洋，可是对于绝大部分人来说仅仅是浅滩拾贝而已。真正潜入大海深处的人寥寥无几。如果潜入深海，可能会发现从未见过的深海鱼，也会发现未知的世界之大。也就是说，尽管面对的是同一片大海，但人们采取的行动是因人而异的。

专业内是专家、专业外是傻瓜可不行

读书可以缔造人的“深度”，关于此，在后面还会提到。

本书想要传递的“深度”的含义并非针对某一件事情进行深入思考。如果仅对专业领域进行深入探究，对专业外的东西浅见寡识，那么就会失去整体平衡而忽略全面性。深度应该包含所有与人格相关的内容，应该是综合性的。

前面我们提到过现在的大学生变得不怎么读书了的话题，其实在我的印象中，大学的教师也不再为了提升自己的文化而广泛阅读了。我在应聘大学教师的面试中经常提这样的问题。

“你能说出3本你的专业以外的，帮助你提升自身素养的书吗？”

“专业以外”这个词才是关键，因为这个问题是为了确认应聘者是否具备教师应有的综合素质。

想要教育学生、让学生成为有素养的人，那么教师的自身素质是关键所在。

可是，大部分人都被这个面试问题难住了。如果面试者的回答是“读的书太多一时数不过来”而语塞还可以理解。我所期待的对方的回答是：“3本太少了，我能列举10本吗？”令人遗憾的是，普遍的回答内容竟然是：“如果是专业相关的书籍我可以马上回答，但是专业以外的就……”

熟悉自己的专业领域是不言而喻的，但是我认为作为支撑它的背景知识，还需具备基本素养。这就好比没有任何哲学基础就去挑战科学，不懂一点文学知识就谈经济学一样离谱。现在很多大学一年级开设了自身修养课程——人文知识课程。

人文精神起源于古希腊。它源于“为获得自由所有人应具备的技艺”的教育理念。这个理念主张为了可以从偏见和包括习惯性的诅咒与束缚当中解放出来，过上自己所愿的生活，人们需要广泛而富有实践性的知识。

后来这种文化被中世纪的欧洲所继承，把“文法、理论、修辞、算数、几何、天文、音乐”等内容定义为“自由七科”。后来出现神学、医学、法学等专业的教育科目时，“自由七科”成为学习这些专业教育科目的学前必修科目。

现代的人义知识在汲取了原来的流传基础之上，又加入了近代发达的经济学和自然科学等之后变得更加广博了。

近些年，人文知识课程日渐被重视，其背后原因应该是全球化的推进，以及在社会问题日渐复杂化的情况下，人们强烈地意识到解决问题需要跨越专业领域的灵活性和变通性。

即使专业领域的知识非常丰富，也需要在活用这些专业知识的基础上叠加多元化的视角，否则还是难以发挥作用。

举个例子，虽然学了遗传基因工程学，也懂得遗传基因相关的操作技术，但是，当面临如何折中处理与生命伦理相关的难题时，还需要历史、宗教、哲学等相关的广泛知识。

在越来越重视核心素养的时代，竟然出现了“不读书”的不可思议的事态。

“不能输给AI”之类的言论是本末倒置

现在，AI（人工智能）发展引起了人们的高度关注。

2017年有一则AI战胜了世界第一的围棋棋手的新闻。围棋相比将棋（日本象棋）和国际象棋，具有棋盘更大、棋子排列更长，根据不同局面棋子的价值也会相应变化的特点。

所以人们认为如果是国际象棋，还可以用“将所有的招数、下法记录下来，然后计算出最适合的应对招数编入程序”的方法战胜人类棋手，但是围棋因为更加复杂，所以按照国际象棋的招数是行不通的。于是大家都认为下围棋，计算机要战胜人类还很遥远。

出人意料的是，2017年10月发表的，由谷歌旗下DEEPMIND开发的阿尔法狗，竟然在不使用先人的棋谱数据的情况下，只是通过反复的自我学习变得非常强大。而且，不仅是围棋，它还学会了其他游戏，计算机已经脱离人手开始自己学习、成长了。

AI就是这样以惊人的速度进化着。这个领域的权威人士雷库兹韦尔称，2045年将会达到奇点。届时人工智能将会超越人脑，整个世界将会有天翻地覆的变化。

我们为了不被AI抢走工作，应该掌握些什么技能呢？为了掌握AI做不了的工作，我们应该怎么做？诸如此类的话题吵得很火热。

我认为这些都是本末倒置。即使能够预测到“AI做不了的事情”，也会很容易就被颠覆的。看看现在的进化速度，就知道其变化一定会远超出普通人所预测的速度了。“不学那些AI能做的，而是全力以赴只学习AI做不了的”，这种想法不但会带来很大的风险，也不会丰富你的人生。

以不输给AI为目的的生活简直就是本末倒置。这就像是将人生献给了AI一样。不管将来是否成为AI的时代，“如何将自己的一生，活得更有深度”不才是最重要的吗？

我认为，为了让生活更有深度，阅读AI以及预测未来相关的书籍是很有意义的。假设出现了拥有超越人脑知性的AI，那么对他来讲，要想做些和人一样的行为和举动应该也不是什么难事吧。那么，是什么使我们成为人类的？自己又向人类索求些什么呢？这样手里拿着书，一边阅读一边进行深入思考，可以让我们的人生变得更加丰富。

为了人类的未来

我们人类是“HOMO SAPIENS=智人”。

能够与大众共享知识并将知识传递给后世之人就是智人的伟大之处。

我们去书店或图书馆，可以看到排列得又丰富又整齐的古今中外的书籍。这是那些伟大的人“赌”自己的人生探究真理，呕心沥血地将探究的真理升华为文学形态，然后又将其做成了人人都可以阅读的书本的样子。由此，我们才得以继承和发扬那些知识和智慧。

如果人类仅仅是进行与家人、朋友间的沟通，那么这样的沟通其实猴子和狗也在做。也许蚂蚁们也在做这样的沟通，它们“虽然不是发出声音的沟通，却以各种形式进行着沟通”。一般动物无法知道与他们跨着不同地域及不同时代的同类们的所思所想。

不读书，就好比失去了作为智人的自豪感。

集中力也会进一步低下，最终不是“不读书了”，而是变得“读不懂”，甚至让人担心人类的未来会不会充满光明。

重申一下，我并不是对网络吹毛求疵。

像这样了不起的社交工具也是人类智慧的产物，没有理由不利用它。只是，如果将我们的重心完全转移到网络上，而忘记了读书的喜悦就太可惜了。

读书是作为人类生于这个世间，才能体会到的喜悦。读书是可以让自己的人生变得更加精彩的最佳途径。

正是在这个网络最盛行的现在，才更应该重新面向书籍，我认为这是当务之急的事情。

読書する人だけがたどり着ける場所

第1章

只有读书人才能达到的地方

我在大学讲课之余，也在其他地方演讲，所以有很多接受广泛提问的机会。其中也包括媒体的采访。在接受提问的过程中我发现，有些人可以提出触碰事物本质的深奥问题，而有些人只能提出肤浅的问题。

对于肤浅的问题只需要回答“这个是这样的”就可以了，很简单。几乎没有从肤浅的问题拓展话题或进行深入探讨的情况。

如果遇到深奥的问题，就必须运用大脑进行思考后作答。思考也会受优秀提问的刺激而更加深入。当然，提问者也会通过得到的回答进一步深入思考，于是这段时间变得颇有收获。

我们浏览一部电影的影评或是一则新闻的评论就会发现，有些人的评论风趣且妙语连珠，能激发人的情感；而有些人的评论则是通俗的，显得淡而无味。

一个是肤浅的人，一个是有深度的人。请问想要听哪一位的演讲呢？回答自然是想听有深度的人的演讲，这是不言而喻的吧。

那么，试问一下所谓肤浅、所谓有深度到底来自哪儿呢？

如果用一句简短的话回答，那就是——文化素养。

所谓文化素养，不是指那些没有形成系统的学问或者是微不足道的小知识。文化素养是吸收到自己身上并融会贯通于一体的，成为血和肉般的广泛知识。

其关键就是能够抓住并理解事物的“本质”。

一个人即使积累了很多零七八碎的知识，如果不会统合利用，那么也没有什么意义。因为这种人只能称为“有知识”而不是“有深度的人”。“有深度的人”的涵养会体现于他的人格与人生态度上。

想要成为“有深度的人”，没有比读书更适合的做法了。

读书可以深化知识、可以深化思考、可以深化人格。

举个例子，西乡隆盛就是一个“有深度的人”。西乡在他生活的日本幕末·明治时代，就以其人格高尚而被众人仰慕。即使是在他死后，他的极高声望也吸引着很多后人对他不断进行研究学习，使他在每个时代都受到肯定的评价。至今他的人气也依然未衰。

难道说，西乡一生下来就是一个有人格魅力的人，是一个“有深度的人”吗？我觉得应该不是的，其实西乡是读了很多书的。特别是受儒学家佐藤一斋的《言志四录》的影响很大。据说他在被流放的岛上，熟读了此书，特别是提取了书中101句进行了反复阅读。作为他自己座右铭的“敬天爱人”也是取自其中。西乡就是这样经常读书不断提升自己的。

沟通能力是通过文字磨炼出来的，沟通也有肤浅与深刻之分。

自始至终都只停留在表面，难以产生信赖感的交流就是肤浅的沟通。比如，在便利店购买饮料时，连看都不看一下店员就说“劳驾，请结账”“谢谢”，这种虽然也算交流，但只能算是极其浅显程度的交流。这样的沟通应该是不会留在记忆里的。

同样是上述场景，也可以进行深度的交流。我认识一位在便利店打工的店员，他是一个外国人，经多次与他交流，彼此建立了良好的沟通关系后，他连自己跟女朋友分手的私事也跟我讲。确认对方的情况后，真心真意地与人沟通，你会发现你们的沟通瞬间变得非常深。这种“触及深处”的感觉真的非常不错。即使是一段短暂的对话，也能让你愉悦一天。

即使是家人、恋人、朋友之间，也未必经常进行有深度的沟通。未触及深处的心理活动、情感活动，总是盯着表面的部分，就会成为肤浅的交流。人们能感受到爱，也是因为有了深度沟通的结果。

工作过程中的沟通是很重要的。如果能进行深层次的沟通，那么即使不用说太多、不用太多时间，也会推动事情顺利进展。相反，如果沟通不顺畅，就容易犯低级的错误，也会把事情搞复杂，最终导致停滞不前。我想大部分人都有过这样的经历吧。

沟通能力的根底里蕴含着“认知力”，与人沟通时应正确认知对方的状况、感情、言行等方面。每个言行根据所处场景分别具有前后的连贯性。“我很期待你的表现！”这句话可以理解为“我相信你，一定要努力啊”，还可以理解为“再拿不出业绩就说不过去了，这可是最后的机会喽”。

能够瞬间读懂对方的“复杂感情”也属于“认知力”。比如那些不能单纯以高兴、悲伤、懊悔等词语来表达的感情。如果能够理解、接纳对方的感受，就有利于促进更有深度的沟通。

其实，文学书籍上描述了很多类似的复杂情感。通过阅读文学书籍，我们可以感受复杂情感，并学会用文字表达复杂情感的能力。

同时，用言语回应、推动某事进展时，认知力也起着很大的作用。

出现词不达意的情况，是因为不知道如何将自己思想中模糊的部分清楚地表达出来。

“有魅力的人”指的是什么样的人

《美者生存》（南茜·埃特考夫/著　木村博江/译　草思社）是以认知科学和进化心理学的见解为基础，揭开“美”之所以美这一谜底的一本书。据此书讲述，生物在进化的过程中，“将生殖能力强的、健康的、有利于繁衍存续的外观形态视为美”。也就是说“美者=对物种生存有利的人”，以此判断美。

所以，作为生物追求美是再正当不过的了，这也可能是生物无法摆脱的。

但是，人类的文化总算克服了它。如果仅仅说美，老虎里面有美的老虎，鹿里面有美的鹿。但是，老虎以及鹿它们没有产生文化。而人，即使是天生长得不美，也有其他的方式展现其魅力。

苏格拉底不是美男子，但是他在年轻人中却很有人气。他的知性、素养、丰富的人格，深深地吸引了人们。

在平安时代，年轻人谈恋爱时，实际上没等互相见面认识一下，就已经通过信件的来往认为“对方是一个出色的人”了。即便他们长相不算好，但通过努力提升自身素养展现出了自身魅力。

我们可以联想一下身边有魅力的人，不应该只是长相的问题，我们认为有魅力的人是那些说活风趣、可以深入交流、人格高尚、有深度的人。

深度源自读书

那么如何才能变得有深度呢。

先前提到过，很多人都处在网络海洋的浅滩上，其实在网络的海洋里想要潜入深处也不是什么难事。只需要按动鼠标，跳转3次就可以。我们在网上浏览时，不要仅仅读完最初打开的网页内容就结束，而是按动鼠标跳转到与最初内容相关联的网页、跳转到持有不同看法的网页再读一下。仅仅如此，所获取的信息就会变得既有厚度又有深度。

具体潜入何处、如何潜入会因人而异吧。首先，只需按动鼠标三次就能使获取的信息变得有深度，如果想进一步深化知识，那么就应具备挖潜的能力。

我认为这个“挖潜的能力”是可以通过读书得到锻炼的。

作为交流的工具是非常优秀的，但是从获取信息的角度来讲并没有多大用处。朋友与朋友之间的沟通，基本上不会获得“新的信息”。朋友之间通常都聊些彼此都了解的事情，或是就身边的人或事交换一下信息，即使有时会聊出一些新的信息，也未必聊得很深。

当然，朋友是很重要的，腾出时间和朋友交流是非常好的一件事情。推心置腹的交流是很难得且值得感谢的，轻松的聊天也可以让彼此放松消遣。但是，发展到患上“朋友圈依赖症”，整天只知道刷社交网络的话，就无法进入到更深层的空间了。

至少在睡前拿出一小时的时间来读书如何呢？这样的话，每天都能度过一段很有意义的时间。

那些白天始终只进行肤浅交流的人，也能让他们突然之间变得有深度。他们的想法、面相都会变得令人印象深刻，让人不禁感叹“这到底是怎么回事儿”。我觉得这种“突然变得有深度”的感觉特别好。

假设大海突然变深了，就可以捕捞到只有此处才可以捕获到的比如樱花虾一样的虾类。我出生在静冈（注：静冈县处在日本东京和大阪之间），特别喜欢吃樱花虾。全世界没有几处能捕捞到可以生吃的樱花虾。静冈之所以能够捕到樱花虾，与突然变深的骏河湾[①]的特殊地形有关系。

不需要一直保持深度。即便平时比较浅，也需要拥有使自己突然变得有深度的时间。通过接触那些伟大的事物受感动、震撼自己的心灵，可以细细品味人生。

听说歌手JUJU[②]女士，每次环球巡演时，必定会到当地的书店逛逛。她在一个电视节目中说过“书籍就像是哆啦a梦的那扇门，它能带人去往不同的世界”，我认为所言极是。

当我在电车上打开书阅读时，即使周边充斥着聊家长里短的声音，唯独我感觉自己就像来到了19世纪的俄罗斯或是2000年前的罗马一样。

JUJU女士酷爱读书，移动时间和睡前时间，书从不离手。正因如此，她的歌声就像她本人非常有深度，舞台表现力也无比精湛。

---

① 骏河弯是指以伊豆半岛尖端的石廊崎和静冈县御前崎市御前崎作为两端点连线以北的水域，最深处达到2500米，是日本最深的海湾。

② JUJU是日本创作女歌手。

看电视起不到任何作用吗?

电视一般被称为肤浅的媒体。

电视播放什么就看什么，这种盲目的观看的确让人难以获取深层的东西，观众即使偶尔发呆而错过一小片段，也不至于找不到说话的影儿，原本电视也不会播放那些有难度的内容。电视播放的大都是那些可以放松观看的娱乐节目。

但是，也会播放很多纪录片、一流人士的采访、《100分钟说经典著作》(日本NHK电视台)之类的文化素养系列的节目，这类节目可以使人变得有深度。另外，即使是娱乐性的节目，根据观看视角的改变也能使人深入，因此也有值得看的地方。

我曾经与电视台合作，因工作关系经常会看电视。一天大概能看3-4个小时。其中经常看的节目是东京电视台播出的《可以跟你去你家吗?》，是一个在深夜，向错过最后一班电车的人询问“我们可以支付你回家的出租车费，你可以带我们去你家做个采访吗?”征得对方同意后，一起回家做采访的一个节目。

举一个其中的例子，节目组采访了一位在居酒屋喝醉的20多岁的女性，在提问的过程中，她流露出与刚开始完全不同的表情。节目组问:“你是做什么工作的啊?”女性回答道:“我是特殊教育学校的一名老师。”据了解她有一个性格特别温和的哥哥，但是哥哥是有智力障碍的残疾人。就在给她过完生日的几天后，她的哥哥因病突然去世了。痛失最亲爱的哥哥后，她化悲痛为力量，通过网上努力学习，当上了一名特殊教育学校的老师。

从一个红着脸畅快地喝着酒的样子中，看到了一个难以想象的别样人生。生活在陌生城市里的每个人，都一直拼命地工作和活着。我的心中感慨万千，说不出的感动，道不出的悲伤。

节目展现的只不过是截取了登场人物人生的很小的一部分而已，即便如此，也能让人由此展开各自的想象。

我们很难想象那些平时与自己很少接触的不同年代、不同职业、不同地域的人的万象人生，也很容易用偏见的眼光去看他们。这个节目的优点在于，它可以带我们打破这种偏见，拓宽思维的界限，帮我们培养更丰富的人生观和人性观。

有“深度感知能力”的人，通过这种可以窥见他人人生的节目会学到很多东西。而那些很明显地大打感情牌，从而使观众做出自然的声泪俱下的反应的节目是不会让人变得有深度的。其实，看似平淡的节目也完全可以催人泪下，是否有深度并非取决于是否只是单纯触动了人心的情感。

然而，像这种“深度感知能力”，也是可以通过读书来获得的。

知性之门开向万众

一般我们说的“知性”，是指那些知识丰富、语言认知能力强的人。即使在听同一件事情、理解同一件事情，所捕捉到的信息也是因人而异的。认知能力强的人可以获取更多的信息，可以捕捉、理解更深层的信息。

另外，还有一些“有天赋的人”。他们并非依靠知识和很强的认知力，他们凭自己的感觉就可以做到深度认知。他们当中，有些人有设计天赋，有些人有音乐天赋，有些人有做料理的天赋。我们把那些没有受过特别教育却在某些方面表现突出的人称为有天赋的人。这当然是非常了不起的。

这里非常关键的一点就是，知性之门是开向万众的。遗憾的是天赋不是通过努力就能改变的。比如，一个没有音乐天赋且五音不全的人，一般很难通过唱歌、演奏等从音乐中获得巨大的喜悦。

但是语言之门却是开向万众的，它不需要很多天赋。谁都可以通过拓宽知识、深化知识而变得知性，而且我们每个人都有对知识的好奇心、求知欲。

我因常年招生，面向小学生开展教育，所以很清楚，小学的孩子没有一个是讨厌读书的。孩子们都欢喜地高喊“我还想读、我还想读”。我能感受到他们强烈的求知欲望。

小学生有阅读能力，也有阅读欲望。一年读100册书的孩子比比皆是。本来一直这样坚持下去的话，语言的认知力会不断地提升。可惜很多人渐渐变得不再读书了，到了大学的时候，居然一个月读不上

1本书。似乎随着成长渐渐地忘记了读书的快乐。

读书的快乐来自充分品味书中展现的美好世界。

也就是所谓的“品读”。我们需要持有一颗想要深入探究书中世界并乐在其中的心。如果我们没有这颗心，就不会为此付出足够的时间和精力。

基于每个人本来就拥有的求知欲望，加上一颗想要深入探究书中世界并乐在其中的心，这就是初心。

有素养的人生、没有素养的人生，哪一个更好呢?

我给大学一年级的学生讲课时，最开始我会提出这样的问题。

“你们的人生路会出现岔口，一条是有素养的人生，另一条是没有素养的人生。你们会选择哪一条呢?”

是选择阅读像孔子、笛卡尔、尼采、福泽谕吉等大人物的各种著作，并在应对创造性课题的过程中意识到“有知性有素养的人真是太棒了”这样的活法呢?还是选择“笛卡尔是谁啊，不认识”，像这种以不求上进、漠不关心的态度过非知性的人生呢?

对于这个提问，大家当然都会回答说“有素养的人生更好”了。实际上，等到他们真正读了很多书，就会说“幸好我开始读书了”“想想如果自己还是一个不读书的人，真是太可怕了”。他们其实都很有潜力。只是他们之前没有读书的习惯而已。

书读得多了，就会更加感到有素养的人说的话有趣了。

比如说，黑泽明导演的《蜘蛛巢城》这部电影，虽然讲述的是战国时期武士们的故事，却以莎士比亚的《麦克白》作了铺垫。即便不了解《麦克白》的人也能够乐在其中。如果是知道它的人就会在心里想到“原来用战国武将演绎麦克白是这样的感觉啊，原来如此，真有你的啊！黑泽明”！由此发出赞叹之声，并深入体会这部电影。

我们不仅在电影或书籍中引用古今中外的名著，就连开玩笑或闲聊时也会引用。如果是有文化素养的人，就可以根据某些共识的东西，可以一边说着“那不就是麦克白夫人吗？”一边相视而笑。相反，当你和对方说“这不是马基亚维利吗？”对方一脸懵懂地回复“啊？”在这种状态下想更加深入地进行沟通已经是不可能的了。

越是读书，就越能洋溢出对世界的乐趣。平时不怎么关注的事情，也会让你感到“真有趣！”比如，我们会发现“汉字真是了不起！”平时我们经常使用的汉字，其实每个字的成因背后都连接着一个深奥的世界。

若是读了研究汉字的语源及由来的白川静先生所写的书，一定会赞叹汉字的妙趣横生，也会不禁心生感动之情。

另外，野口三千三先生想出了结合身体去理解、感受汉字的方法。他尝试着用身体去探究汉字的由来，这样的想法太不可思议了。他想用脚的感觉追寻创造了“足”字的人们的感觉。将感受到的深刻的身体感觉和汉字文化结合起来加以捕捉，他做的事情简直太有趣了。对知识充满兴趣的人，做这样的事情对他来说是非常愉快的。

对于那些没有选择“知性有素养的人生”的人来讲，可能会觉得这是在搞些什么，不理解其意图。其实他们损失了那份人生的快乐，只是自己还没有意识到而已。他们习惯了就看那些单纯的“非常搞笑”的娱乐节目，而不知道如何乐在复杂事情之中了。

简而言之就是“有素养的人，他们的人生会变得更有乐趣”。

这个世界充满了“复杂的快乐”。有素养的人可以意识到那些“复杂的快乐”，并且能够乐在其中。

読書する人だけがたどり着ける場所

第2章

读什么和怎么读

掌握一流人士的认知力

想要获得“深度”，就需要深入捕捉事物的能力，即“认知力”。

通过读书，我们也可以学会作者的认知力。

认知力若有差距，那么接受同一信息时会出现大的差异。

假设有做同样工作的两个人。其中一人是老手A，他正确地理解了受托的工作内容及意图，而且成绩斐然。另一人是新手B，他看上去也是很仔细地了解了受托的工作内容，却达不到A一样的成绩。所谓的经验差距，不仅体现在单纯性的技术方面，更体现在认知力方面。

若听了A先生平时是如何思考、如何全心投入到工作中、如何理解获取信息的，B先生一定会吓一跳。

如果我们将老手的认知文字化后，那么我们可以努力去尝试获得同样的认知。

如果读了拥有一流认知力的人物的书，我们的认知力也能得到磨炼。

宫本武藏的代表著作《五轮书》，是在全世界广为所知的评价很高的兵法书。宫本武藏是一个“在60多次的决胜中无败绩”的剑术达人，但是他高强的秘诀却不是那种极其罕见的力量和速度。

他像熟练工一样仔细研究剑术，反复钻研，练就了最棒的技能。而且，他通过追求剑术这一具体的技术及悟性达到了至高境界，这一点是很了不起的地方。

宫本武藏颇受外国人欣赏的理由，可能也是来自于此吧。通过剑术，他的人生到达了巅峰！

《五轮书》由地、水、火、风、空五卷构成。

《空卷》中所写的就是武藏所追求的境界。

> 武士必须准确无误地领悟兵法之道，并勤加练习。修炼之道心必澄净，扫除心中疑虑，每日每时都不松懈。修炼心与意这二心，磨炼观与看这二眼，使得心中、眼中不再有暗云。真正空的境界就见于拨开困惑之云之后的晴朗之处。
>
> （《五轮书》 宫本武藏/著　岩波文库）

领会所有武士的修行之道，心中没有迷惑，从不懈怠，磨炼“心”与“意”（意识）这二心，磨炼“观”（纵观全局捕捉全部的眼）与“见”这两个眼，没有一点暗云，所有“迷惑之暗云”都散去只有万里晴空的状态才是真正的空。

所追求的是，通过每日的锻炼，扫除一切困惑，使得内心达到万里无云一片晴的境界。

剑术相关内容的《水卷》中对心态、姿势、眼神、握剑的方法、挥剑的方法、步伐的移动、在不同场所的进攻方法等都有着详尽而具体的描述。

关于姿势的描述就有“放松额头，缩紧眉间、目不转睛，禁止眨眼、微眯眼睛、挺直鼻梁，下颚微隆”等。

不放过任何细节，且将其一一文字化的做法真是让人叹服。倾注一生来修炼剑道到达人生巅峰的认知力真是名不虚传啊。

读像宫本武藏这样有着一流认知力的人所著的书，我们的认知力也会随之变得深刻。

深刻的认知脉脉相通于各个领域

能剧的大成者世阿弥所著的《风姿花传》本来是秘密之书。世阿弥写下了观阿弥传授给他的教诲内容，目的是将“能”这个仅限于当时的艺术的蕴奥传授给本族人。“能”[①]的世界也充斥着激烈的竞争，如果自己失去了人气，也只能随之销声匿迹了。

虽然他们因得到当时的将军足利义满的喜爱而受到了庇护，但是他们还是担心，因为谁也无法保证他们一直不被他人取而代之。世阿弥不仅关注当时的将军和贵族的需求，还很留意普通观众们的评价，真可谓是背负文化家族命运、赌上性命而写下的秘传之书。

“秘藏即花”是世阿弥的名言，它所指的意思是“不要将一切都敞开，而要秘藏起来。秘藏的东西在最合适的时候拿出来才能惊艳全场，从而使观众乐而忘返”。

因为观众很容易产生腻烦心理，所以要经常下功夫给观众提供新颖又惊喜的内容，让观众乐在其中。想到世阿弥为了他们家族、为了文化而认真写下的这些内容，真是深感其意味深长啊。

听说日本电视购物节目的老朋友——日本网（Japanet TAKATA）的创始人高田明先生（2015年为止任职社长），也很喜欢世阿弥。他开始喜欢世阿弥也是因为一次偶然，有一个职员对他说：“这本书里写着您经常跟我们说的那些话”，便塞给他这本世阿弥的书，从此他便喜欢上了世阿弥。在此之前他没有接触过“能”，也没有读过《风姿花传》，却总是说着与书里写的同样内容的话，是不是很有意思。

① “能”是日本独有的一种舞台艺术，为佩戴面具演出的一种古典歌舞剧。能在日本作为代表性的传统艺术，与歌舞伎一同在国际上享有高知名度。

“能”和购物虽然毫不相干，但是在“认知”的深度上却有着相通之处！

高田先生称，在世阿弥的教诲中最令他感到钦佩的就是“自我升级的想法”。这是一种不断让自己成长的心态。

其中很有代表性的一句就是“勿忘初心”。这是众所周知的一句话，世阿弥的这句话想要表达的意图与现代的理解略有不同。他的“勿忘初心”中的初心所指的意思是技艺不够成熟。他这句话里蕴含了应时刻警告自己，莫忘自己技艺不成熟，不勤加练习就会停止成长的意思。

在《花镜》[①]中另有三处提及初心。

“勿忘是非之初心。勿忘时时之初心。勿忘老后之初心。”

刚刚入行时感受到的“是非=好・坏”的初心，在积累经验的过程中为了配合当时的表演方式而定下的初心，以及年老后首次挑战技艺时的初心。自从开始做起某事以及在积累经验的过程中经常会出现那个时刻的挑战，也会有不成熟的地方。

拥有一流认知能力的人，通常会认为自己所做的事情永无止境。

当大家都认为“做到这种程度已经很不错了”“我已经看到了未来”时，越是有认知力的人就越能感觉到还有很多挑战的事情。正是

① 《花镜》是世阿弥在与父亲离别之后的40年间，汇集自己习得的艺术写成的理论著作。

因为他们认知之深，才可以继续尽情享受人生。

为获取信息而读书，为提升人格而读书

读书大概可以分为两种，以阅取信息为目的的读书、以提升人格为目的的读书。比如，为了进一步了解最近的热搜新闻——获得诺贝尔物理学奖的“重力波”相关的信息而阅读简易整理的书籍，就属于以获取信息为目的的读书。

阅读中勘助的自传小说《银汤匙》，结合自己的儿童时代去品味世界观，就属于以提升人格为目的的读书。

以获取信息为目的读书的人，一般不会关注书的作者是谁。因为比起作者的世界观，他们更想了解的是事实本身。

然而，信息和人格最终还是息息相关的。

比如，开普勒发现了行星是在椭圆轨道上运行的。这可以说是科学史上革命性的重要的转折点。在此之前的2000余年间，人们都相信行星的运行轨道是一个完全的正圆。圆运动是神圣而完全的，亚里士多德的宇宙中天体的运动应该是完全的圆形这一“自然观”，根深蒂固地留在了人们的心中。

但这一观点却与计算的结果不相符。于是开普勒意识到轨道不是完整的圆，而有可能是稍微变形的形状。然后，最终总结为行星把太阳作为一个焦点，描绘出椭圆形轨迹的“开普勒定律”。

要得出这样的结论，当然是在观测数据和理论的碰撞中进行了科学的推演的，与此同时，开普勒本人又是一个有着神秘主义且很保守的人，他靠着占星术维持生计，所以视太阳为神圣之物，持有很强的“宇宙的调和”这一价值观。

其实，“行星的公转周期的平方与椭圆轨道长半轴的立方成正比”这一开普勒第三定律，也是出自他的神秘思想的。正因为他确信行星和轨道的运动之间，一定存在某种神秘的调和，所以才想要不断地发掘它。知道了这样的背景，再去看开普勒定律这样的科学信息，是不是就能够领会它的深奥了？

其实历史也是这样的。我很喜欢法国的史学家儒勒·米什莱。比如他的《魔女》，是根据中世纪在欧洲展开的一场魔女裁判的裁判笔录为基础而创作的非常有趣的历史书籍。在此之前，都是在历史是男性创造的这一观点的基础上，从男性的视觉描写历史的，而他却要从一个女性的视觉描述历史。

那么魔女是些什么样的人呢？她们是在中世纪的封建社会中被排斥的一群人。

请注意，在那个特殊的时代，只要有人喊出“那人是魔女。

（《魔女》 儒勒·米什莱/著 篠田浩一郎/译 岩波文库）

但是，魔女并不总是牺牲者。有的成了对罗马的教会、王的统治、一切权力的反抗者。魔女也曾是中世纪欧洲史幕后的重要人物。站在奥尔良包围战前线，营救了在长期持久战中饱受痛苦的法国民众的圣女贞德也是魔女，最终却被火刑处死。《魔女》不仅是中世纪欧洲的历史书，也是在作者透彻而深邃的视点下描绘的文学作品。

史实看似与人格无关。实际上能够捕捉史实的眼睛恰好是作者的人格。有人格才有科学的发现。有人格才有对历史的认知。这么一想，你是不是能体会到信息也是很有深度的呢。

不管是什么样的信息，都是由某个人完成的，并且都隐含着某人的人格。

所以，即使是以阅取信息为目的而读书，只要将信息和人类的活动结合起来思考的话，领悟自然会变得深刻。

通过故事掌握的“映像化”能力

读书时大脑的活动非常精妙且复杂。大脑会通过文字理解其内容和意思，在理解情感的基础上进行品味，想象书中描述的风景、人物的容貌以及声音等各种各样的内容。

不是根据眼前的现实，而是能通过想象感到欢欣雀跃、感动万分的也正是人类。可以说除了言语本身是人类的象征，通过想象调动情感的读书更是象征人类的极致行为。

除了用眼睛读取文字，用耳朵倾听也会对大脑有着同样的锻炼作用。

以前收音机里经常播放朗读节目。传说中的《宫本武藏》（吉川英治/著）广播剧是1939年开始由德川梦声先生主播，当时博得了非常高的人气，之后又反复重播了多次。比如，其中有一个非常有名的宫本武藏决斗佐佐木小次郎的“岩流岛之战”的片段。

小次郎：“来吧，武藏！”扔出这句话，岩流赶紧把铛高抬至背，“呛！”的一声拔出夹在肋下的大刀（晒物竿大刀）的同时，将留在左手上的刀鞘扔至海浪尽头。

武藏：“小次郎，你输了！”

小次郎：“什么？”

武藏：“今日之战，胜负已明。认输吧！”

小次郎：“闭嘴，凭什么？”

武藏：“若是胜者何必丢弃刀鞘。丢弃刀鞘——-你把你的天命都丢弃了。”

小次郎：“一派胡言。”

武藏：“可惜啦，小次郎，想找死，成全你。”

小次郎：“来，来呀——”

“——呀啊”

武藏的脚下，发出了水声。

岩流一步一步地踏进浅滩，挥舞着大刀（晒物竿大刀），朝着武藏的正前方摆出了架势。

一条白色的浪花斜着划出水面，"哗"地一声踢起潮水，朝着岩流站立的左手岸边跑去。

（《宫本武藏》吉川英治/著　讲谈社根据德川梦声朗读有部分改动）

因为是广播，所以只能听声音。却像电影一样一幕一幕地展现在眼前。那锐利的眼神、紧张的神态，甚至能感受到急促的呼吸声，听得太入迷，手里捏了一把汗。这时的大脑其实是在进行着高速的运转。

当我们听到"海浪尽头"时，就会想象着调取自己记忆中与之一致的画面，当我们听到"朝着岩流站立的左手岸边跑去"时，就会想象武藏和小次郎的位置关系并构成影像。不足的部分我们会想象着补充。

而且，我们会把感情转移到登场人物的身上，为之心跳加速、兴奋不已。

同样的，读给人听是可以让人涌出自由想象的。希望有孩子的家长一定读书给孩子听，即使书中有些难懂的表达、有些陈旧的措辞都没有关系。重要的是投入感情读给孩子听。虽然孩子还没有听故事想象画面的习惯，但是靠着抑扬顿挫的声音和带有感情的朗读，会逐渐让他们学会在脑海中呈现画面。

所以从上述角度来讲，动画虽然是很棒的文化，但在锻炼想象力上却并不适合。通过看动画里的影像来想象其他的画面是很难的，而且一般也不会这样做。

宫崎骏先生在接受一次采访时，有一位妈妈说道："我的孩子特别喜欢看您的作品《龙猫》，都看了十几回了。"宫崎骏回答道："这其实不是好的做法。"宫崎骏想表达的意思是，不要认为是名作就反复地给孩子看，这样是不好的。

一般来讲，点开视频观看和打开绘本阅读，我认为本质上是完全不同的行为。

视频属于单方面地刺激观众，无论你看与不看，一旦按下播放按钮，就会以一定的速度放映下去。而绘本却不同。无论孩子曾经多么沉迷于看动画，从现在开始，应给孩了创造出一起阅读绘本的快乐时光。

这些虽然是关于孩子的话题，对大人也同样受用。低头族们平时看视频的时间明显多于阅读纸质书的时间。视频确实比图书上的文字看起来更加"一幕了然"，再加上看视频可以同时刺激我们的视觉与听觉，能诱导我们在短时间内进入动画的世界。

与此同时，看视频也有弊端，就是让我们停止动脑，导致我们驱动大脑发挥想象力、图像化的机会越来越少了。由此看来，没日没夜地刷视频的大人们，你们不觉得更应该创造读书的时间吗？

宫崎先生读了大量的书，也是一位有着深刻认知力的人。正因如此他才能创作出那么多的好作品。

所以说，不要因为喜欢看动画而不读书了，这种做法是不可取的，只看动画是无法理解宫崎动画的真正意义的。

以“作者的视角”看事物

从上面看一个圆锥体像一个圆形，从侧面看像一个三角形，视角不同所看到的内容也不同。在沟通方面，也常提及“站在对方的立场考虑”“以对方角度去观看”之类的话。我们即使非常理解这些话的含义，却往往难以付诸行动。始终保持着“因为自己这样，所以对方应该也是这样的吧”的固定思维。

读书对我们获得不同角度的想法很有帮助。需要注意的是以“作者的视角”去看。即使持有与作者不同的观点，也要先用“作者的视角”继续阅读。以“作者的视角”看周围事物。

这样循环往复的阅读，会让你变得多层次、多角度地看问题。同时能够摆脱固定不变的视角，获得有厚度、有深度、有广度的视角。

比如，生在日本、长在日本的人很难理解外国人的价值观。如果历史和文化背景完全不同，其价值观也是不同的，这是很正常的一件事。阅读过国外的文学、思想、历史类的书籍的人，就能感受到人类共同拥有的普遍特性，也能获得不同的观点。

举个例子，美国的人类文化学者鲁思·本尼迪克的《菊与刀》和德国的哲学家奥根·赫立格尔的《弓与禅》，这些外国作者写的日本文化论，对深化我们的视角很有帮助。正是因为以外国人的视角写下的文字化的内容，才能更加突出“不同视角中的事物”。

如井筒俊彦先生写的《伊斯兰文化——在其根底的东西》，以日本的研究者的视角对外国文化进行了解说，既易懂又可以深化我们的视点。

谈到世界史，我认为日本可以说是对世界史最感兴趣的国家。

若要学习世界史，需要了解从古代文明到伊斯兰世界，还要了解欧洲、美国，要求掌握的知识量如此庞大，在日本的高中这些都是必学内容。且不说能学到多少学问、学得有多深，反正是要学一遍的。

这个位于最东方的国家，对世界的求知欲如此强烈，可以作为一个“平衡器”活跃于世界各地。我们虽然过着西洋式的生活，基本思想却是东方的。我们不以西方第一主义、欧美中心主义这样的方式考虑问题。我们对伊斯兰和印度也可以持有无偏差的见解。

创建一个“作者之月”

接下来我们谈一谈，想要通过读书成为有深度的人，应该采用怎样的读书方法呢。

有人说应该采取“广而浅”的阅读方法，实际上，“广而深”的阅读方法是最佳的方法。“广”和“深”是可以两立的。或者说，如果没有一定的广度是很难达到深度的。因为深度的要素中含有“关联”。

比如，对某个知识了解得很深，但若这个知识没有关联和拓展，则只能视为一个“点”。

比方在看上去没有关联的其他事情上做了深入了解，而这两个看似毫无关联的点可以连接起来。点与点相连可以成一个面。

这样的话，在轻松地对全新的事物进行深入了解的同时，可以加深对已经了解过的事物的认知。

在深入了解一个事物的过程中，兴趣会自然而然地将你引向不同的分支上，从而得到进一步的延伸。有素养的人就是进行着这样的“广而深”的学习。

由于特别喜欢某位作家，就只深度阅读这个作家的作品，而对其他作家的作品一无所知，这种做法只能让人变得肤浅。好比敞口越小越难以深入。

沉浸在喜欢的作家的世界里，不停地读着他的作品是一件很快乐的事情，但是仅仅止步于此，那简直是太可惜了。

所以，我们可以这么安排，比如这个月追这位作家的作品，下个月追另一位作家的作品。以此类推，错开时期阅读更有助于拓宽知识面。按照这样的方式一直“追”下去。

在此想对各位读者说，当我们沉迷于某一作家时，没有必要因此排斥其他作家。类似于讲出“相比某某某那样的杰出人物，我更喜欢太宰治那样的非主流的作家”这种一偏之见的话，来捧高自己喜欢的作家，这种做法实在毫无意义。倒不如定这个月读太宰治的书，下个月读另一个作家的书，这样每个月都可以沉浸于不同作家的世界中，一定会收获满满。

一本书关联着连绵不断的“精神文化”

我认为，对于人类来说最重要的就是精神文化。提起精神文化很容易列出道具或建筑物等“物质文化”，其实也可以通过比心来比作文化。

每个人都有一颗心，每个人每天都能感受到快乐、悲伤、懊悔等不同的心情。这些都属于个人固有的感受。假设某个人很伤心，你和这个人没有任何关系，那么你是感受不到伤感的。如果没有同理心，是无法理解他人的内心的。

然而，有一种精神是属于社会共有的。那就是精神文化。

比如，对于印度的大多数人来说印度教是共有的精神文化，日本的“武士道”曾经也是武士们共有的精神文化。这些都不属于某一个人。属于每一个人的固有的情感很重要，这一点是不言而喻的。但是，如果只被某个人的内心深深吸引，那么有些事物你就会错过。

我们并没有独自生活着。我们的生活与连绵不断的文化紧密相连着。平常我们可能忽略了很多东西，但是通过挖掘、感受根深蒂固的精神文化，我们可以变得更强大。同时能够感受到我们与那些有着共有精神文化的人们之间的关系。

精神文化是可以通过读书来挖掘的。除了阅读哲学、思想类的书籍，还可以阅读文学类的书籍。

文豪们都阅读了大量的书籍。比如，川端康成、太宰治、谷崎润一郎等，他们的读书量都是非同一般的。他们通过大量的读书背负着精神文化，将其以文学的形式呈现出来。所以，哪怕只是阅读一本谷崎润一郎的著作，你会发现其背后大量的书如泉水般涌出。

书中当然会体现作者的固有观念，其作品背后其实还流淌着非常浓厚的精神文化。

阅读，包括筋疲力尽

有很多读者非常敬爱陀思妥耶夫斯基。村上春树先生是陀思妥耶夫斯基的忠实粉丝，他曾说过“读了陀思妥耶夫斯基的作品后，觉得自己作为一个作家很空虚”。村上先生说，他也想写像陀思妥耶夫斯基作品一样优秀的作品，将各种世界观和视点融为一体的“综合小说”。村上先生特别喜欢陀思妥耶夫斯基的《卡拉马佐夫兄弟》，他曾反复读过多次，也是最影响他的一本书。

被称为文学巅峰作品、呼声最高的作品《卡拉马佐夫兄弟》，不仅字数超级多，内容也非常难读。

父亲费多尔和德米特里、伊万、阿廖沙三兄弟，还有佣人斯乜尔加科夫，都是卡拉马佐夫家的成员，德米特里的昵称是米佳或米佳卡，伊万的昵称是万尼亚，阿廖沙的昵称是阿流沙也叫流节奇卡，总之称呼多得非常容易混淆。

还有像订婚者、朋友、长老等很多登场人物，每个人物形象和人物之间的关系等，必须要全面理解。在此基础上，必须要紧随故事情节的发展。这个作品包含多个题材，可以作为“宗教小说”“思想小说”来阅读，作品中还包含“推理”“裁判”“恋爱”等题材。

真是让人读得筋疲力尽，但是疲劳也是阅读中的一个环节。

我想再强调一下，深度是一个综合体。

像《卡拉马佐夫兄弟》这样深不可测的作品，若想紧缩为一个单一的主题或相关性是难以呈现出来的。

不仅是《卡拉马佐夫兄弟》这个作品，我认为有深度的作品很难达到一目十行。甚至有时每一行都需要反复思考，进展十分困难。有时也会想“还剩多少页呢……还有这么多页才能读完啊”，像这样不耐烦地多次确认剩余页数。这也是读书时的一个小插曲。

不要恐惧筋疲力尽，尽管深挖下去吧。“来吧，筋疲力尽”，心怀敬意，像武士一样勇敢面对，向前迈吧。

読書する人だけがたどり着ける場所

第 3 章

通过读书锻炼思考能力

《小王子》中的“狐狸”是谁

深入思考时，首要的是要结合自己的情况进行思考。

阅读时，不要止于“原来是这个意思啊，原来如此”等感叹中，而应结合自己的情况自问“对我来说，这意味着什么？”“如果换成是我，我会怎么做？”

比如，《小王子》这个作品，我认为仅靠阅读和理解是无法达到深入思考的目的的。如果能思考一下被小王子丢在星球上的玫瑰，对自己来说意味着什么？想想狐狸对自己来说是怎样的存在？就这样进入深思。

小王子的星球上盛开了一朵玫瑰花。小王子非常爱护这朵玫瑰花，无微不至地照料着它，后来玫瑰的态度和言行变得反复无常，小王子无奈之下决定离开自己的星球，开始宇宙旅行。途径风格迥异的

“大王星”“实业家星”之后他来到了地球。当他看到地球上成千上万的玫瑰后，意识到自以为很独特的玫瑰，其实只是成千上万的玫瑰中普普通通的一朵而已，于是感到很悲伤。

这时来了一只狐狸，小王子为了散心就邀请狐狸一起玩，但是狐狸却以“我和你还称不上友好的关系，所以还不能和你一起玩”为由拒绝了。而狐狸所说的“友好”指的是加深羁绊，不同寻常的关系。小王子通过与狐狸的对话，领悟到了那个玫瑰是世界上独一无二的存在。

在与狐狸分别的时候，狐狸说“把你的玫瑰变成了无可替代的存在就是你倾注的时间”，并透露了一个小秘密，“重要东西是用眼睛看不到的”。

“读解”就是要读取作者在他的作品中想要表达的主旨。

大人们通常忙于追逐权力、名誉、金钱，却忽略了真正重要的“建立亲子羁绊”的事情。通过发现这种肉眼看不到的价值，才能使人生变得丰富。作者应该是想透露这样的信息。

在理解作者的写作意图的前提下，还应进一步结合自己的情况去思考。

“对我来说，故事里的狐狸就好像是曾经给我讲过刻骨铭心的话的人吧。那时我一点都不上心，显得很刻薄冷酷，但是他却舍得在我身上花时间，通过一些约定等方式不断地激发我，可能正是这种关系才使我们建立了现在的这种羁绊。”

通过这种结合自己进行思考的方式，就可以达到仅仅理解故事梗概所达不到的深度。

在阅读时如果出现让你惊讶的一幕，那一定是书中的某个内容与自己的亲身经历意外地吻合了。

如果这时，视若无睹地继续往下阅读，那么就会忘记自己在哪儿受过惊讶，为什么受到惊讶了。所以，建议大家养成做笔记的习惯。可以直接在书上标注，也可以写在笔记本上。这样就可以凭借笔记追溯当时的思绪，从而在以后继续深入思考。

带着感情阅读

不管是什么类型的书籍，如果只是作为获取信息而阅读，是很难深入思考的。能进行深入思考，说明你是带着感情品味的。

有思考力的人会经常动用感情。读书需要动脑、动心这两方面，缺一不可。所以，要想深入思考，带着感情阅读是非常重要的。

发酵学者小泉武夫先生是对“发酵”进行了深入研究的人。他对“发酵”喜爱到不可自拔。他的心一直被“发酵”牵动着，他除了对所有的发酵食品感兴趣以外，还特别关注发酵本源的微生物。

如果读了小泉先生写的书，就会情不自禁地喊出“发酵真不一般呢！太了不起了！”曾经有一段时间，因为我太喜欢小泉先生的书而制作了“小泉武夫月刊”，我用一个月的时间读了他的10本著作。于是，每次吃到发酵食品时就想畅聊一番发酵食品，不禁想要对微生物的劳作表示一下感谢。

法布尔的《昆虫记》这本书，我想大家小时候都读过的吧（至少读过一部分）。阅读的过程中你是不是兴奋地高喊过，“这个粪甲虫太有意思了，太好看了”“昆虫，太了不起了！”是的，我们应该与法布尔产生心灵上的共鸣，带着感动去发现“多彩的昆虫世界”。

我们只要心动了，思考便会随之一起深化。

思考的深与浅，写“读后感”就知道

阅读时如果没有驱动你的思考，那么当被问及读后感时，你是难以言表的。

虽然可以讲出书的梗概，但是对作者想要表达的主旨和结合自己思考的内容哑口无言。

到底有没有深入思考，看一下读后感就知道了。仅仅是粗略地写出书中的梗概，这属于最低级别的。另外是能写出“我明白了以后要注意什么”之类的反省内容的，这属于基本没有思考的。这就如同你读了夏目漱石的《心》之后，你只能悟出“背叛朋友是可耻的”的道理，这说明你完全没有驱动自己的思考力。

如果是迷迷糊糊、行云流水的读法，不可能意识到自己的思考到底是深还是浅。好比在不知道自己挖掘了几米的情况下，怎么可能有再继续挖掘下去的动机呢。

所以，一定要边阅读边做笔记。做笔记这一操作会协助我们进行更深入的思考。写上“所言极是”“有意思”等类似的简短的词语，或在与自己的亲身经历相似的部分标注关键词等都是可以的。

如果是心动了，贴上与自己情绪相符的表情贴也很好啊。比如，有笑点的地方贴上笑脸的表情贴，感到惊讶了就贴上惊讶的表情贴。将阅读过程中获得的感触和灵感与书的内容关联起来。

灵活运用“对话”“评论”来深化思考能力

思考是需要“动起来”的。而要让思考动起来没有外界刺激是不行的。仅仅依赖自己一人的大脑是很难深入思考的。大多数的小学、中学的老师经常会讲“现在给大家15分钟时间来思考这两个问题”，以这样的方式让学生们自行思考。但是，基本上学生的思考时间只能维持在前1分钟。剩下的时间基本就是心不在焉的了。此时，学生们已停止思考，这时就需要进行“对话”了。

通过不同想法的相互碰撞，会进入到下一个思考。为了想方设法解决矛盾，思考自然而然地就会被调动起来。

苏格拉底和柏拉图喜欢用对话的方式进行深入思考，并且制作了思考流程。

对话，与单纯的聊天不同。对话是要打破自己的想法，得到新的认知的过程。苏格拉底的“无知之知”很有名。苏格拉底认为通过对话发现“本以为自己已经知道了，但实际上并不知道”这一点是很重要的。因为明白了自己其实一点都不懂之后，会有继续研究下去的欲望，进行深思。

想要深入思考，对话是最好的办法。

所以，我想给大家推荐的方法就是，读完书后讲给别人听。讲书使你的思维变得活跃。当对方提出一些问题，或者发表不同的见解时，思考会变得更深入。

实际验证一下就会明白，当我们的记忆模糊不清时是无法准确地表述出来的。当你回答不上来对方提出的问题时，你肯定是一知半解的状态。

我上初中以后，每读完一本书就会和朋友分享。

如果朋友恰巧也在读同一本书，就互相交流一下读书感想，如果只有一方在读，那么读的人来讲，听者提问题。即使是在阅读中的书也没有关系，尽管分享出来吧。对我们来讲分享早已经习以为常了。我和我这个朋友上的是一所大学、读研都在一起，读书分享、交流也陪伴了我们十多年。

这种持之以恒的做法对思考训练带来了很大的好处。

比如，类似于《罪与罚》，因篇幅太长都想中途放弃阅读的书，如果边读边分享给人听的话，就会产生一种这是“我的书”的感觉。是的，会觉得这是自己的书。于是，趁着情绪高涨之时可以继续读下去，思考也会加深。

如果一时找不到倾听者，请试着读一下书评。在网络如此发达的时代，只要上网搜一下会找到很多书评。

如果读了感同身受的评论，就会暗喜“说得太对了”，从而验证了自己的想法是对的，也会发现“这个我怎么没有想到”“原来还有这种看法呢”等新的观点。评论里可能还会有你忍不住想反驳道：“不，不可能的”“这个想法太过于肤浅了吧”等内容。如果产生了想反驳的冲动，表明你的思考在运行着。

我经常会读大量的书评，有时候会发现一些深入阅读了专业书籍的人写的评论。读他们的书评就像是听到了批判的声音和名人解读。网上的文章玉石杂糅、水平参差不齐，偶尔会找到宝玉般有价值的文章。即便是石头般的文章也有反驳“不，不可能的”的价值，所以说相比一个人阅读，这种方式更有助于深入思考。

试写一下读过的书的广告语

一想到要写一篇读后感，很多人就觉得大海捞针，无从下手。那么，考虑写一篇推荐给别人的短文怎么样呢？最近有的小学开设了写书的广告语的课。也有让学生们写一篇推荐文的，就是给那些还没有读过某书的人写一篇推荐文，让他们产生“我想读”的想法。与其说是读后感，倒不如说是广告语。

现在的年轻人特别擅长编辑像广告语这样的短语，似乎也很乐于琢磨。让他们写长一点的文章感觉特别吃力，但是多亏了有新媒体，写短篇文章对他们来说如释重负、轻松无比。

然而，用短文是很难诠释一本书的魅力的。

比如像“我读过了，特别好看，强烈推荐哦”的广告语，根本感受不到这本书的魅力。所以，不把书中的看点和魅力转化成文章来突出是没有吸引力的。

要积极思考这本书适合推荐给什么样的人，推荐的理由是什么，读了这本书会有哪些改变，对自己而言这本书给你创造了怎样的价值等内容。

“这本书推荐给正在向着自己的梦想和目标努力前行的人。请你想一想有没有遗忘了非常重要的事项呢？”

“本书教会了我，所谓的羁绊并不是单纯的‘相互支持’，而是一个倾注了时间和伴有责任的东西。这本书让我重新思考了无形事物给我带来的价值。”

针对一本书，尽量试着多写几篇推荐文吧。不要一开始就强迫自己写出令自己很满意且精辟的文章，即使有点瑕疵也尽量多写出来再去筛选，这样做会更轻松一些。不管写了什么内容，都会因此衍生出更多的内容，更有利于深入思考。

有时我会接到写腰封内容的邀请，一般我会写出20个字左右。因为一旦写出10个字就会停不下来，最终能写出20个字。思维一旦活跃起来，就会思如泉涌般停不下来。

想好了推荐文以后，在新媒体上投稿发布也是很不错的选择。因此会获得新的对话机会。

选择3个喜欢的章节

对自己来讲有什么价值、有怎样的魅力等，思考这些问题时，最简单的方法就是“选择书中3个喜欢的章节”。

我经常对自己说“选择3个喜欢的章节”。选完喜欢的章节后再接着继续读下去。

这样的话，阅读就不会显得那么枯燥无味，而是变成了寻找文章亮点的过程。

找到文章的亮点后，就用红笔或蓝笔圈起来，这样更会凸显文章的魅力。并且，更有利于我们进行深入思考。

我给课后辅导班的小学生讲课时，会引导他们读莎士比亚和歌德的作品时也按照上述的方法做。虽然有点难度，但是小学生们各自结合自身水平去阅读并选择了3个喜欢的章节。接着我让他们各自发表自己选择的章节，并且说明选择的理由。分享场面是热火朝天的。当两两一组来进行讨论时，他们讨论得就越加激烈了，根本停不下来。

这个时候他们已陷入深入思考的良好状态中。孩子们的见解深刻，说理透彻。其实这就是“选择&讨论”的力量。

让你做选择，其实是很简单的一个举动。虽然简单却不乏深入思考。

可以对尼采吐槽

对作者敬而远之的同时，想深入思考时，推荐“边读边吐槽”的阅读方法。

就像搞笑艺人经常调侃“怎么可能”或“算了吧！”一样，一边吐槽一边阅读。

比如，一边读着尼采的最后一个作品《瞧！这个人》一边吐槽“我怎么这么明智？”“算了吧！”“我怎么能写出这么好的书？”“读书——我称之为是败坏的行为？”“说得太过分了吧”。

再如，一边读马基雅维利的《君主论》一边吐槽“加害行为必须要一气呵成”，“对、对，一气呵成!……太过分了吧”。“与此相反，为了让人更好地体会恩惠，要春风细雨般地给予”，“对、对，请一点一点地赐予我……,太狡猾了”，像这样插入捧哏和逗哏。

伟大的作家中有不少是性格极端的人，所以，阅读时可以保持若即若离的态度，一笑而过就行了。

这样就可以不用全盘吸收，按照自己的阅读风格一边思考一边阅读。

比如，作品《哈姆雷特》，倘若把哈姆雷特的烦恼与自己结合起来，那当然是笑不出来的。但你要是退一步再思考的话，就可以吐槽“不，你这是想多了吧！”

哈姆雷特突然劈头盖脸地对奥菲利亚说“滚到尼姑庵去吧！”“太过分了吧，哈姆雷特”。

总之，笑就代表你的情感被触动了。边笑边读，这本身就是一种有趣的体验，所以会留在心里的。

加快思考的“推测引读法”

还有一个能促进思维的阅读方法，那就是一边预测一边读。

下一章的内容应该是这样的，接下来的故事情节会不会有这样的进展呢，像这样进行预测思考。这样的话会让你的思维活跃起来。“嗯嗯，是的，是这样”，这种人云亦云，没有主动思考的阅读，最终会导致思维懒惰，一无所获。

那些名著作品的内容，往往都会出乎意料之外，超乎人的想象。这种名著很容易引发读者“啊？真没想到啊，太精彩了！”的感叹，同时会很快地进入深入思考。

读村上春树先生的小说时，同样也会体会到编撰巧妙之处，超乎想象。当然不是说只有超乎想象的才是好的。经常阅读村上春树作品的读者，逐渐会变得可以预测之后的故事。他们会因如期而至的“果然出现了！”“邂逅相遇啊，真是太巧了！”的感觉而心满意足。虽然每本书的内容及背景的设定不同，但由于套路几乎相似，所以对于熟悉套路的读者来说预测是小菜一碟的事。

早在意料之中会让人欣喜，虽然预想落空，但结果出乎意料也让人感到振奋。如果是你尊重的作家，你会怀着这种心情去阅读。反之亦然，试着用这种心情去阅读，就能够对作者产生孺慕之情。

小时候看纸芝居（注：源于日本的街头表演，表演者推着自行车走街，一边给孩子看纸画片，一边给孩子讲故事）的时候，当翻到下一页的那一瞬间，是不是又好奇又期待“接下来会是什么”而感到坐立不安呢。读书和纸芝居一样，也会翻页，享受这种坐立不安的感觉也很不错吧。

一边预想一边翻到下一页的瞬间，你会感受到心跳加速。

这种感觉会成为推进阅读、开动脑筋思考的力量。

||| 提升思维能力的经典著作10选 |||

《方法论》 勒内·笛卡尔/著

“我思故我在”这句名言就出自这本著作。本书指出人要理性生活，阐述了如何以理性为武器来探究真理的方法。

笛卡尔为了使接近真理的思维方式变得简单一些而建立了4条规则："避免速断和偏见，凡是没有明确被认知的事物，绝不能轻易接受"；"划分为若干部分"；"遵循由易到难的原则"；"完整的列举与重新审视"。笛卡尔养成了遵循这4个原则去思考的习惯，不断锻炼、不断成长。本书，正面且如实地阐述了如何达到这种境界的精神过程，真是让人赞叹不已。这是一本被注入了灵魂且好读的书。

《逻辑哲学导论》 维特根斯坦/著

我觉得命题形式的思维风格特别酷。维特根斯坦说希望通过这本书可以画出一道"思考的边界线"。可以画上边界线的是语言，边界线以外的语言都是废话。也就是说，我的语言的边界就是我的世界的边界。

"对于无法讲出来的东西，只能保持沉默"。这本书不像普通的书那样有章节、分段落，而是以标序号设定短命题的方式进行叙述的，刚开始看的时候会有种不知所措的感觉。但是，这种写法恰恰符合维特根斯坦的思想过程。

《五轮书》 宫本武藏/著

这是被人称为剑豪的宫本武藏在他60岁时装订而成的通往心、技、体最高级别的融合之道的书。通往"万里一空"这一境界的路上只有"锻炼""下功夫""斟酌"而已。不仅需要反复练习，还需要下功夫和斟酌来提升质量。

阅读兵法的奥义之书《五轮书》，并不是为了了解书中的内容，而是为了将这本书中的内容用于每项练习和锻炼。比如，关于“打拍子”（时机）。因为不合拍是很糟糕的事情，所以书中要求一定要练习打拍子。

“恰好的拍子”“间隔的拍子”“不合的拍子”。书中把拍子作为概念化的东西来捕捉，并指出应该习得此项技术。再次被达人的认知力所感动。

《风姿花传》 世阿弥/著

这本书是为了让家族人在“能”这一竞争激烈的艺术世界里生存下来而写下的一本秘书。观阿弥和世阿弥父子俩，不仅备受将军和贵族的喜欢，而且他们努力做到让大众满意。他们的艺术品味和质量至高，深受大众的喜爱。

因为这个主题与现在的工作息息相关，所以很容易结合自身进行思考。虽然读起来会有一定的难度，但是本着找到如“秘藏即花”“勿忘初心”等名言警句，为我所用的想法去阅读应该是很不错的。

由于本书是一个背负文化兴亡的人，倾注全部热情写下的秘密之书，所以会释放出巨大的能量。

《瞧！这个人》 尼采/著

这是尼采最后一部著作，也是他的自传。单看本书目录就能瞥见他的非同一般。“为什么我如此明智”“为什么我如此机灵”“为什么我能写出如此好的书呢”“为什么我是一个命运呢”。尼采会亲自解读过去的思想及著作。明知让人感到极端的表现是很冒险的，他却偏偏要与时代对峙，这也是彰显了他的气概吧。虽然尼采在写完这本书的一年后精神崩溃，但他那“我是认真的”的精神扣人心弦。而且言语中蕴含着强大的力量。

《君主论》 尼可罗·马基亚维利/著

《君主论》是很多现代的经营者和领导者都喜欢读的一本书。本书并不是讲述一个德高望重的理想君主的形象，而是结合现实情况讲述具体方法的书。

马基亚维利的想法很有道理也很有现实意义，若能结合现代的自己的状况来阅读，将会得到很多启发。

对“加害行为应该一气呵成。相反，施恩行为就要一点一滴地实施，要让受惠方一点点地体会才可以”这样的书中提案，很可能对这种支配术般的内容感到反胃，但将其理解为“批评时要一气呵成，不能喋喋不休地浪费时间”，就可以应用于现实中了吧。

《会饮篇》 柏拉图/著

记录了与苏格拉底对话的著作中，这本书是比较容易读的一本了。

书名“会饮”的意思是聚在一起尽情地吃、喝、聊的意思，也就是“聚餐”。但是，这个聚餐的主题却是恋爱。巧舌如簧的参席者们对爱神丘比特展开了讨论。在此压轴的就是苏格拉底。苏格拉底向大家提出问题，并浓缩论点。在讨论的基础上，不断地迫近于爱的本质。

通过本书我们可以了解何为爱智，可以触碰到无知之知的根底处的哲学，也能看到苏格拉底的人物像，所以作为初读苏格拉底的书是很值得推荐的。

《历史是什么？》 爱德华·霍列特·卡尔/著

“历史是与现在、与过去的对话”。这是作者卡尔的历史哲学精神。历史学家是研究过去发生的事实的，但是研究古老文献中记录的事实并做解释的时候，无论如何都会夹杂一些“对现在的意义”。所以即便我们称之为历史，但实际上也不是事实本身。

卡尔的历史哲学里还加入了“未来”的要素，也是他了不起的地方。现在会随着时间走向未来，与此同时，过去也会改变他的模样，意义也会随之改变。这个过程是没有完结的。虽然是一个非常高深的哲学，但这是在剑桥大学演讲的记录册，所以比较容易读一些。

《睡前学学结构主义》 内田树/著

本书是一本对20世纪的重要现代思想之一的“结构主义”进行

了彻底而易懂解说的入门书。结构主义的代表思想家是索绪尔、雅克·拉康、李维·斯特劳斯、米歇尔·福柯等。结构主义的思想本身是复杂难懂的，但这本书可以与读者打成一片，让读者顺畅地读下去。

有深度且易懂的文章经常出现在初、高中以及大学的考试中，非常理解考试命题的意图。不仅是这本书，读了内田先生的书后，我对自己动脑思考并且直面问题向前进的态度受到了启发。

《思考，快与慢》 丹尼尔·卡尼曼/著

这是一本心理学著作，同时也是诺贝尔经济学奖获得者丹尼尔·卡尼曼所写的行为经济学书。本书对我们是怎么被一些细小的事物所左右，从而犯下判断错误的行为进行了彻底的解析。书中表示我们人类有如直觉、感情等不需思考就能自动启动的快思考模式，以及必须有意识地努力思考才能启动的慢思考模式。但是哪个思考模式都会有出错的时候。

卡尼曼通过研究得到此结论的同时，向读者提出了一些问题。你会做出怎样的判断呢？本书内容量较大，如果担心半途读不下去，哪怕只阅读下卷的“前景理论”也会大有收获的。

第 4 章

通过读书加深知识

掌握的知识越多，越会懂得世界之辽阔

在自己掌握的知识体系中，比如认为自然科学方面的知识不足，那么积极地阅读这一类的书籍就很好。

知识和认知是一个整体。在没有知识的前提下想锻炼大脑是很难的。随着知识的增加认知力就会提升，知识与认知之间就是这样的关系。自然科学系列的书对于文科生来讲，可能是很少触及的领域。但是，好像学理科的人对文科的内容却似乎不太抵触，这可能是很多文科生持有自己对理科不擅长的意识的缘故。

但是，文科生的优势就是“会读书”。理科书的内容也都是由语言构成的。当出现数学算式时，即使跳过算式继续往下读，也应该能掌握整体内容。文科生“因为会读书，所以能覆盖到所有领域”，可以这样理解。

如果能掌握宇宙、生命、物理等这些自然学科知识，你的世界就会一下子变得广阔。无论是在微观世界里还是在宏观世界里都充满着惊讶与感动。就连人生观都可能会发生改变。

现在有很多帮助理解理科内容的优秀的解读书籍。所以就算我们要了解牛顿的物理学时，也不一定非要阅读《自然哲学的数学原理》。文科类的书籍，古典发挥着极大的威力，但是理科类的书籍是随着时代持续发展的。面向孩子们的科学读物中，也有许多非常有趣的书籍。

现在日本的中小学普遍开展了“理科类书籍阅读活动”。开展这个活动是为了让学生们进一步接近科学，提高学生们对学习理科的兴趣，给学生们推荐理科类的读物。《开始读理科书吧！》（滝川洋二/编辑）这本书中就介绍了很多关于在学校图书馆、各地区开展的“读理科书”的活动事例，并推荐、介绍了相关的科学书籍。由于是给孩子们推荐的书目，所以读起来不会很难。让孩子们轻松阅读的同时，也能充分地传递科学的深奥之处。

比如，《空气的发现》这本书（三宅泰雄/著）。

这本书会带领读者了解氧气、二氧化碳等气体。如，针对“天空为什么是蓝色的”“空气中为什么会有氧气”等这些我们身边的疑问，用简单易懂的语言做出了解答。

《莱特兄弟为什么可以飞起来——通过纸飞机得知的成功秘密》

（土佐幸子著），这本书是用纸飞机边做实验边学习比空气重的物体是如何飞行的原理。通过体会莱特兄弟所下的功夫与最终成功的过程，可以真正领会到他们热爱科学、刻苦钻研的精神。

如果想要一本可以了解名副其实的经典著作的向导书时，推荐阅读京都大学镰田好毅教授写的《了解世界的理科名著》。这本书中收藏了从伽利略的《星空报告》到岳科斯库尔的《生物眼中看到的世界》，从勒纳尔的《博物志》到沃森的《双螺旋》等著作。而且简洁明了地阐述了作者是在什么环境下写的书，又带给世界怎样的影响等内容。

另外，我也出了一本书叫《写给文科生的理科读书法》（集英社文库）。读者可以轻松、愉悦地阅读。与此同时，书中较为广泛地介绍了大约50册可以学到科学知识的小说、漫画、追踪报道世纪大发现的纪实、古典名著等书籍。

借助这种向导类的书籍，来拓宽我们自然科学的世界，何乐而不为呢？

学知识是从“惊奇感”开始的

当你听到爱因斯坦这个名字时，最先联想到的是什么呢？大概很多人脑海中浮现的是他吐着舌头显得幽默的那张照片吧。他创立了“相对论”，是一位给当时的物理学常识带来天翻地覆变化的伟大的理论天才。

世界第一有名的方程式$E=mc^2$，就是发表在爱因斯坦狭义相对论中。这个方程的重要性大家都知道，但是它表达的意思大家了解吗？

有一本叫《$E=mc^2$》（大卫·伯登尼斯/著）的书。这本书的开头有这样一个记载。某次卡梅隆·迪亚兹在一个电影杂志的采访中被问到“你有没有什么想要知道的事情”时，他的回答是“我想知道$E=mc^2$到底意味着什么”。于是采访记者与迪亚兹相视而笑……最终记者的采访稿以迪亚兹的一句“我是认真的”结尾。

后来作为科学记者的大卫·伯登尼斯就写了关于$E=mc^2$的传记。是的，不是爱因斯坦传记，而是这个方程式的传记。这本书讲述了方程式是怎样诞生的、是如何被使用的，还讲述了包括爱因斯坦在内的各行各业的科学家、研究者们的故事。

在这个简单朴素的公式背后隐藏的是一个深不可测的世界。

用极其简单的方式解释这个公式的话就是能量（E）等于质量（m）乘以光的速度（c）的2次方。光的速度是固定的，一秒钟可以绕地球7周半。所以不难看出光速的2次方意味着一个极大的数。

也就是说，即使是一个很小质量的物体也蕴藏着巨大的能量。在此之前无人所知的太阳之谜，根据这一公式的解释，人们才得以理解。之前，人们无法理解太阳为什么能够源源不断地发出光和热，后来人们了解到太阳是通过核聚变将很小的质量变成了巨大能量的。

原子弹爆炸是用了核裂变原理。原子弹爆炸是将原子核分裂使其损失质量，同时变成相应的巨大能量释放出来。它就是这样一个令人震惊的公式。

作为一个和平主义者的爱因斯坦，自从发现铀的核分裂开始，他就悟到自己的这一公式可以与恐怖的武器联系起来，并为此感到了恐惧不安。

不得不对那些能够抓住宇宙的本质，将其简单地公式化，并能应用自如的人类的智慧感到叹服。这简直是太了不起了！

但是，也有对$E=mc^2$不动声色的人。

他们会说着“所以怎么了？完全不明白”便抛之脑后。一旦出现公式，就马上说“太难了”，根本就没有想了解的想法。或者说“源氏物语？古文太无聊了吧”“什么x轴、y轴之类的，不懂这些也能活得挺好的”这样的话，他们都懒得深入了解。

这种行为，说得难听点就是“没有文化素养的粗鲁态度”。

对应该感到吃惊的事物感到吃惊，其实是有素养的人才可以做到的。也许有人认为，知识丰富且有素养的人是很少感到惊讶的，但其实恰恰相反。越是懂得多就越能从心底感到惊讶。没有知识的人就不会明白究竟哪里了不起，搞得他们一头雾水。

柏拉图在他的《泰戈斯》中，让苏格拉底说出了“吃惊、奇妙的感觉就是探求知识的开始，即哲学”这句话。

感到惊奇，进而深入探究，这不正是人之所以为人的行为吗?

知识如同细胞分裂般地增长

想通过读书加深知识的时候，最初可能会觉得知识似乎没有什么增长。明明是读过了，大脑中却什么都没留下，心中就会泛起“读了又有何用？”的想法，感到很空虚。但是，如果因此产生“是不是我人笨”这种悲观的想法是完全没有必要的。

当针对知识的增长方式进行思考时，一般是不是会认为10倍的努力就有10倍的增长，20倍的努力就会有20倍的增长，这种成正比的印象呢？我个人并没有这种感觉。我认为它的增值就如细胞分裂，是翻倍增长的。

1变成2，2变成4，8，16，32，64，128……

刚开始的时候看不出什么大区别，随着不断的积累，差距就会变得巨大。

关于读书，读最初的20册、30册时，知识不会有多大的增长，会觉得读起来很困难。

就如同“细胞拼了命地分裂，可分裂的结果只有16个细胞，以这个进度什么时候才能发育成人啊”的状态。但是，当到了某一个阶段，突然会有俱收并蓄的感觉。因为随着了解的东西多了，吸收理解也变得顺畅了。

之前了解过的知识会变得更加扎实，同时也能体会到“哦，跟之前的那个说法一样呢”“这个内容好像跟之前看过的那个内容有关联呢”，这种之前了解的知识与新知识的关联性。只有看的东西多了，且掌握了相互的关联性，吸收新知识的速度才会有突飞猛进的进步。

如果是一无所知的领域，即使拼命阅读，也很难能够留在大脑里。但如果具有一定的基础知识的话，即使是新的话题也能插上嘴。读过1000册书籍的人，读第1001册书时，不仅读得快，掌握得也很好。可以说他们比读过100册书的人，读第101本书的效率要高很多。

阅读5本同类题材的书，就能达到“A级别”

如果想针对某个题材进行深入了解，那么连续读5册左右的书就能得到相当多的知识。这种情况，我一般会连续阅读该研究者、该学者的5本书。如此这般，当你读第5册的时候会发现内容有些重复。这说明你已经积累了相当多的知识。

对于一无所知的领域，仅仅读1册、2册书是很难有起色的。不理解的地方应该也会很多。这时，不需要刻意一行一行地去阅读和理解，这会使你举步难艰，最终导致半途而废。应该本着读完之后，哪怕忘了八成也认了的心态，通读一本后接着读该作者的另一本书。

就这样反复下去。读两遍同一本书当然是可以的，但一般会感到腻烦，所以读完就会去读另一本。就这样，像涂漆一样，一层一层地反复叠加。一开始涂抹时不用太介意，差不多就好，反复涂抹的过程中，涂层自然会变厚的。

用这个“涂漆”的方式，知识会得到不断的积累，最终可以成为“学识广博”的人。

新书中知识整理得紧凑，读起来很方便。读这样的新书5册就能从“完全不懂”的C级别，升级到“相当详细”的A级别。哪怕是读2册也能变成“略详细”的B级别。如果想达到“超级详细”的S级别，读20册左右应该就能达到了吧。研究者的级别可能需要读2000册，而按普通人的标准，读20册就差不多到S级别了。

假设你读了20册有关中东巴勒斯坦问题的书。读过1-2册的人应该很多，但读过20册的人却寥寥无几，所以在这个问题上你就成了超级详细的人。比如，阅读5册关于宇宙暗物质的书、5册关于黑洞的书、5册关于宇宙论的书，可以说你对宇宙问题有了很深的了解。

我一般将同一题材的书籍整理后排放到书架的同一柜子里。只要是同一题材的书就可以放在一起，这样找起来也很方便。比如，这个区域是与福泽谕吉相关的，这个区域是与中东问题相关的，这个区域是与宇宙相关的，照此区分、分类。像这样就会有超级详细级别的S领域，不断地以箱为单位递增的感觉。

认识到书与书之间的“关联性”，则更容易掌握知识

想把书中的知识内化成自己的东西，最好的办法就是讲给人听。仿佛自己发现了什么似的，投入感情，带着身临其境的感觉去讲。这样会掌握得更牢固，并且还可以自在地引用它。

一个人不管知识有多渊博，如果他不对任何人讲，也不去使用所学的知识，那么只能是英雄无用武之地了。知识，只有当与人讲、与人用时才会发出光辉。倘若被人夸奖为“真不愧是有识之士啊！”“真是知识渊博啊”，不仅可以化成动力，还能促使你继续深究下去。

使用知识时“文脉”很重要。结合文脉可以提取各种各样的知识。若能把书中的插曲一起讲出来的话，就更容易调动气氛，使场面更加热烈了。讲话时应该根据讲话的节奏，自然而然地插入书本的话题，然后再自然转到下一个话题。像这样在讲话中善于引用所学知识的人，常会被人们评价为“知识渊博的人”。

为了能够更好地提取书中的知识，阅读时可以一边留意相互的“关联性”一边阅读。比如，读古文时，就思考与现代有怎样的关联。在前面的内容中提到过“日本电视购物网高田”的创始人高田明先生，他发现了世阿弥的《风姿花传》与商业上的哲学有所关联，并且将其整理成《和高田明读世阿弥》（日经BP社）一书。我负责主编的《孙子兵法》（青少版）这本书中，就把《孙子兵法》和现代的孩子们

的状况关联起来了。

比如，书中有一句“非利不动，非得不用”。

意思是对我军有利的情况时用兵，不利时不要用兵，也是告诉我们一定要做“有利、不利”的判断之后才能决定如何行动。这个内容在《孙子兵法》（青少版）中，是作为担心自己未来梦想时有用的句子来介绍的。下面就引用一段书中的“青少版译文”吧。

> 在开始一件事情的时候，不要仅仅考虑“我是喜欢做这件事情，还是讨厌做这件事情”，还要考虑“这件事情对自己是有利还是不利”。
>
> （《孙子兵法》（青少版）　斋藤孝/主编　日本图书中心）

哪怕是古文，如果能够结合现状思考，就能作为活生生的知识使用。

另外，阅读的书籍之间也有相互关联。

比如，在读尼采的著作时就能从中感受到与歌德的关联。在歌德的《浮士德》中有“时光你快停一停，因为你太美！”这样一句名言。

尼采的《查拉图斯特拉如是说》中也有相似的句子，书中就说“所有的喜悦都要永远”。据说因为尼采十分尊敬歌德，受到了歌德的许多影响，所以才给人一种果然有关联的感觉。

像这样一边留意关联性一边阅读，会变得擅长结合文章脉络提取知识。

相遇新书，进一步拓宽知识面究竟该不该读“畅销书”

比如，畅销书、当下热门话题的书，在流行期间及时阅读是很重要的。能够掀起热潮的书大都与时代气息相符，与时俱进的阅读有利于提高知识的吸收。

比如，法国经济学家托马斯·皮凯蒂的《21世纪资本论》，2014年英文翻译版一经发行就成了全世界畅销书，在日本也掀起了一股潮流。毋庸置疑，对于经济学，甚至是对今后的整个社会，这本书都会有着巨大的影响。

但是，这本书不仅厚，内容也非常难理解。不难想象，想阅读但中途受挫而放弃的人，或者从一开始就因为恐惧望而止步的人应该是层出不穷的吧。所以，在当时出现了很多解说的书，书店也为皮凯蒂单独设置了专区。

虽说书的内容本身并不会过时，但是说着“看上去太难，等以后再读吧”“等积累点知识再读吧”之类的话而不去阅读，就会与热潮擦肩而过。这种流行书籍一定要把握好机会，趁着流行时期阅读，这样可以结合当时周围的反应去理解，可以帮助你更好地吸收知识。

对于那些因为太难而中途受挫的人，只读书中的主干部分就好了。先阅读书中最重要的部分，做到至少可以讲出书中这一部分。如果要把书中全部内容都讲出来，相当于要讲20小时甚至30小时，不做这些事情也没关系。

《21世纪资本论》这本书对200多年的庞大资产及所得的数据进行了研究和分析，所以使得书的文字量非常多。当然，人们对书中的分析手法做出了很高的评价，但如果不是经济学专家，应该没必要认真阅读这些分析内容吧。

但是，即便大概翻看一下也能让人感到“这可不是一般的数据量，能分析出这么大的数据可真不一般啊”。

接下来就去找书中最重要的图表。然后得出皮凯蒂想要在本书中表达的其实就是“钱生钱的速度已经超出了通过工作获得收入的速度。有钱的人会变得越来越有钱，导致贫富差距将持续扩大。如果这样下去差距绝对无法填平，必须要采取调整措施”。支持这一结论最强的根据就是图表。所以找到它，并阅读与它相邻的文章即可。

这就相当于直接对接了皮凯蒂阐述的内容。所以在谈到这些内容时也可以自信地说“他的那个图表真是神奇啊，一目了然”。

即使不是难以理解的书，比如小说、漫画等也应该在掀起热潮的时期阅读。搞笑组合“KARATEKA”的矢部太郎先生的《房东和我》(新潮社)这一漫画，在2018年6月荣获“手塚治虫文化奖短篇奖”，成了相当热门的话题。实际读完之后就会有“原来如此，很暖心的一幕啊”和“能和房东成为这样的关系真是不错啊”的想法。

把接触未知领域的机遇好好利用起来。

有些人就是“不读畅销书”，但这样的话只能让自己的吸收领域变得狭窄。既然那么多人都在读，一定有能学到的东西，可以这么想着痛快地跟风还是可以增加知识的。我认为赶潮流也是乐在知性人生中的一种方式。

利用偶然的机会拓宽知识

不仅是“赶潮流”，单纯地利用“偶然的机会”去拓宽知识，也是非常值得推荐的方法。

比如，逛书店时偶然看到一本书就买回来读一读。逛书店之前决定今天就买它2本，然后到书店放眼望去。不要局限在每次都去的专区，扩大一下范围去寻找。从拓宽知识的角度来讲，尽量选择不知道的领域的书，应该是更合适的吧。

再如，今天对某个内容感兴趣，那就买下来马上去咖啡店读。把关键的内容、感悟到的内容等做一下笔记，或在书中标出下画线，就这样先读他30分钟。

仅仅如此，也会有种“今天开启了新知识的大门”的感觉吧。

用发现性思维阅读的重点在于将偶然变为必然的力量。购买偶然遇见的书，就等于不用每次都买经典著作。

所以，可能阅读后发现不是自己喜欢的，或者感觉很难懂，也可能觉得“说实话，选错书了”。但是，这样也没有关系。

本着能吸收一点算一点的想法去阅读。哪怕是接触到了一个自己不知道的知识而触发了自己的思考，这样的书也是有价值的。

说不定这本书会成为连接其他书籍的契机。说不定它就能成为你划向知识的海洋的第一桨。

即便是像我这样读书三昧的人，凭自己的品味选的书中，实际上3本中“有用的书”也就2本。

很遗憾，其中的1本是与自己无缘的书，算是“选错了”。所以，对于没有读书习惯的人能够选出1本让你觉得“我想要的就是它了”这样的书是相当困难的。

所以说，选了又选，倒不如用发现性思维去读书。先不管那么多，哪怕只能学到一个知识也要掌握它。让它成为“关联”的其中一个。就本着这样的心态去阅读。

还有就是诚恳地阅读别人推荐的书。

本书中介绍了推荐书目，还有图书指南类的书和杂志，网上也有很多与书籍相关的信息。所以，如果是自己喜欢的书评家、自己信赖的人推荐的书籍，都可以从头开始一本一本地读下去。

把诸如1976年开始，在每年的夏天都会举办的“新潮文库100

册”活动作为头绪也是不错的办法。

还有，不论国内、国外还是古典作品都聚齐了的丛书级别的，比如有岩波丛书、讲谈社学术丛书、光文社古典新译丛书、筑摩丛书等。

从稳妥地接触原著的角度来讲，丛书是最好的选择。像这样的丛书仅仅是摆放在书架上也会给人帅气又美观的感觉，总之先集齐它们怎么样呢?

借用图鉴和百科全书掌握“全像图”

像心理学、脑的构造、宇宙的构造等这些，相比仅用文字表述，利用图表更加容易理解的领域，如果先通过图表掌握整体的话，知识的吸收就会变得更好。夏目社的“图解杂学系列”和新星出版社的“彻底图解系列”等都是我经常购买的，可以轻松地啪啦啪啦地翻阅，非常方便。“那个到底是什么来着?”像这样记忆模糊时翻看起来也非常方便，而且便于找准知识定位。

三省堂的“大图鉴系列”也很值得推荐。大型的《经济学大图鉴》《哲学大图鉴》等，都有着丰富的图和绘图，看起来非常有趣。

比较缺乏自然科学类知识的人，先从青少版的图鉴开始入手就很好。

讲谈社有一个“会动的图鉴MOVE”系列还带有DVD，不仅能看到图画和照片，还能看到动态的画面。《宇宙》卷中甚至还记载了关于暗物质的内容，在欣赏宇宙形态的同时还可以学到最新的宇宙相关的知识。

像这样的图鉴、图解系列以及百科全书形式的读物的优点是，可以很快地一个接一个地看下去。

我曾经也教过速读的方法，但几乎所有人都很难做到速读。如果视线沿着文字方向按序活动地去阅读，无论如何都是需要时间的。其实正因为有“书要一行一行阅读”这种观念，所以想把握整体变得困难。

但是，如果是图鉴的话就可以速读了。可以一页一页地翻看整体页面。花时间认真地阅读并理解固然重要，但同时快速接触大量的信息也是非常重要的。

从这个意义上讲，一口气备齐自己喜欢的系列书20本或30本是很有必要的。不是先买来1本或2本慢慢看，而是一鼓作气地看完。一天翻阅一本，一个月翻阅30本，按这个进度把重要的内容都看一遍。

||| 可以掌握当今社会所需的知识点的经典著作10选 |||

《$E=mc^2$》 大卫·伯登尼斯/著

这是一本记述爱因斯坦发表的最终成为世界第一方程式的

$E=mc^2$相关的纪实文学。其中c代表光速，是一个固定值。

这个公式的意思是能量可以转换成质量。根据这个公式人们解开了太阳可以持续释放能量的谜团，同时，它也是像原子弹这样的兵器的爆炸原理。我们现代使用的很多医疗器械和家电产品也都是根据这个方程式原理运行的。方程式的诞生到实用化的过程与很多的科学家都有关系，他们围绕方程式展开的庞大的故事也是值得一读的地方。

《所罗门的指环》 康拉德·劳伦兹/著

文章以所罗门王的一句想要带上魔法的指环与动物们进行对话而开篇。本书作者劳伦兹是一位动物行为学家，他称自己不用带指环就可以和动物们对话。正是他对动物的爱和观察才使其变得可能。劳伦兹并不是将动物们放入围栏里观察的，而是让动物们自由生活，并且他也和动物们一起生活。这期间经历的艰辛故事很有意思。雏鸟把自己第一眼看到的活动物当作自己的妈妈这一“印随行为”的研究，也是根据劳伦兹的观察开始的。书中满载着惊讶与感动的故事。

《宇宙是由什么构成的》 村三齐/著

本书为我们详尽且易懂地讲述了粒子物理学的基础，还带着我们一起探索“宇宙是怎样诞生的”“宇宙的未来将会怎样”这样的宇宙之谜。所谓基本粒子就是组成我们物质最小单位的粒子，认为约有10^{35}次方米大小。与此相对应的，我们现在可以实际观测到的宇宙的尺寸是10^{27}次方米。

它可以带我们把超乎想象的微观世界与超乎想象的宏观世界联系在一起思考，体会其中的乐趣。它还可以一面带我们简单地了解超弦理论、夸克理论、中微子理论等各种理论，一面让我们的思想驰骋在宇宙的形成和宇宙的未来之中。

《日本思想全史》 清水正之/著

书中记载了从《古事记》中记载的神话到近代思想、现代哲学，是一本可以一气呵成地将日本人的思考追溯到源头的现代著作。通过本书我们可以触及那个时代的文化与相关记述，对从那里可以窥见的思想也做了解说。比如从《平价物语》的开头引用内容中提出了与贵族世界的“前世观”不同的无常观。冈田英弘的《倭国的时代》是通过验证了《古事记》和《日本书纪》等古代文献后，以整个亚洲的视角来认知日本的书，是能够刺激我们知性的书籍。内附日本思想史年表和有助于学习日本思想史的文献一览表，非常实用。

《常用字解》(第二版） 白川静/著

这是出自汉字研究第一人白川静先生的汉字辞典。这本书会教给我们常用的2136个汉字的起源及演变。比如“见”这一汉字，就像从侧面看到的人的侧脸，上面是大大的眼睛，从而形成的象形文字。并且解释道“所谓见这种行为中包含了与对方进行内部交涉的含义。再如，见森林之茂密、见川河之流动，这里的（见）指，将自然所具有的强大作用转移到观察上的意思”。

还能学到与汉字形成相关的古代社会的知识，真的很有趣。汉字的伟大和深奥真令人感动。

《阿伊努文化的基础知识》 阿伊努民族博物馆/主编 儿岛恭子（增补·改订版）/主编 草风馆

先前居住在北海道的阿伊努民族拥有着他们独特的文化。虽说阿伊努的语言比较像日语，但却属于完全不同的语言。他们没有固有的文字，他们的历史都是靠历代口口相传而延续的。但是从明治时代以后，阿伊努民族的独有风俗被禁止了，在此后的日本语的教育中，会说阿伊努话的人越来越少。一个语言就这样被迫消失了。这是一个不得了的文化问题。

本书对阿伊努的语言、料理、服饰、住居、信仰、历史都一一做了解说，是一本入门书籍。濑川拓郎的《阿伊努学入门》（讲谈社现代新书）一书中展现的是鲜明的阿伊努族商人的形象。通过本书也可以了解到最新的研究成果。

《欲望的民主主义》 丸山俊一 + NHK《欲望的民主主义》制作班/著 幻冬舍

之前有一个NHK BS1的特别节目非常有趣，名叫《欲望的民主主义·世界的景象变化的时候》。这本书就是通过这个节目的采访，提取了美国社会心理学家、德国哲学家等6人的讲话内容编辑而成的。意在英国的脱欧、美国特朗普总统的诞生、法国极右翼政党的崛起等这样大的世界激变中，回到原本的“民主主义到底是什么？”的这一根源问题，来思考和理解现在的民主主义。讨论的内容非常接近本质，是一本值得阅读的书。

《资本主义的终结，在那之后的世界》 榊原英资+水野和夫/合著　诗想社

对于以“更快、更远、更合理”为行动原理的资本主义，应该有很多人已经感觉到它已到极限了吧。

那么当资本主义迎来终结之后的未来又是什么样的呢？本书引用了丰富的数据，解读从资本主义的历史到现在的世界经济以及日本经济状况，从而对未来提供了一些建议。

通过本书可以简明扼要地了解到世界经济的潮流，而且本书在谈到“资本主义的去向”时，采用了俩人对谈的方式来推进话题，所以非常容易阅读。

《人类的未来》 诺姆·乔姆斯基/著　吉成真由美/采访·编　NHK出版

本书针对未来这一话题，向乔姆斯基、库兹韦尔这样的世界级学者、思想家进行了采访，根据采访内容编撰而成。

作为科学撰稿人的吉成真由美女士，所提出的问题大都抓住了事物的本质，这是非常了不起的。仅仅阅读这一本书，就能对AI、经济、民主主义、城市及生活方式、气候变动等内容有个简略的了解。向每一位学者听取的他们各自推荐的书籍也收藏在内，书中背景所能感受到的文学和哲学气息也让人赞叹。同一个系列中还有《知的逆转》《知的判断》，一并阅读吧。

《未来简史》 尤瓦尔·赫拉利/著　柴田裕之/译　河出书房新社

这是世界级畅销书《人类简史》一书的续篇。书中阐述了我们人类为了克服饥饿、传染病、战争等，做出了各种各样的努力。但身为历史学家的赫拉利认为，现在人类基本上克服了这三个课题，接下来人类要挑战的课题是“升级为神”。从“人类——智者”转变为“人类——神者”。在具有巨大冲击性的未来图景中，不仅能够感受到对知性的兴奋，也能感受到一种恐惧。请一定跟上潮流阅读一下吧。

第5章

塑造深层人格的书的读法

感悟伟人的器量

读书对于塑造人格是很有帮助的。我们常常称那些有着优秀人品、秉性的人为“人格高尚的人”，人格是统合了知识、思考、感情、性格于一体后的综合体现。换言之，也可以称其为人性。

孔子称人格高尚的人为“仁”。并且认为人格是“可以通过学习促使其成熟的”。

孔子本人就是因为有着伟大的人格才被很多人所敬仰，所以也才被人们写出像《论语》这样流传后世的书。可孔子却说“我不是通过学习很多的知识才知道道理的人，而是坚持一件事情做到底的人（一以贯之者）”。这句话的意思是，他用尽一生都在培养着以“仁”为代表的人格。

孔子的弟子们直接感受到了孔子的人格，想必也塑造了自己的人格吧。如果身边有人格高尚的人，就能从那个人的态度中深入地学到很多东西。而且越是好学越容易塑造人格。

孔子自身没有将自己的思想写成书留下来，但是他的弟子们却把和孔子的对话内容留在了《论语》里。我们生活在现代也可以通过书了解到孔子的人格。

且不论是否像孔子那样人格高尚，能够留下被人们称为名著的作者们的才干确实是出众的。正因他们有其非凡之处，才能留下伟大的作品。

福泽谕吉留下了一本《劝学篇》，这是一本非常好的书，同时他还有一本《福翁自传》也非常有意思。这本书有意思到让你怀疑以后是不是没人能写出这么有趣的传记了。明治维新前后的那个变化很大的特别时代是本书的写作背景。福泽谕吉的高尚人格就是巨大魅力的体现。

书中记载了他在大阪适塾（注：适塾是兰学学者绪方洪庵于1838年开设的私塾）学习的一段经历。就在当时的那个环境下，即使拼命学习，也很难找到一份工作，即便如此，他也拿出了“既然难的书没人去读，那统统交给我读好了”的气概勤奋苦学起来。

绪方（注：兰学学者绪方洪庵）的书生学习几年后，即使成为了很了不起的学者，实际上也很难马上找到工作。也就是说与温饱无缘。既然如此，那么就再去找找工作吧，不，连这种想法都没有。如果有人问“拼命苦学的目的是什么呢”时，估计答都答不上来。不仅没有考虑过将来自己前途会如何，也没有追求名利的欲望。其实谈何追求名利，当时提起兰学书生，在世人眼里早已经臭名昭著了。他们只顾不分昼夜地苦读晦涩难懂的原始书，竟还乐在其中，所以提起他们的身世实在是莫名其妙，但要是走进当时书生的内心去看一看，就会看到他们却似乎乐得其所。简而言之——日本国中没人能读西洋日进的书的，只有自己圈子里的朋友才能干得出来，过着又穷又苦、粗茶淡饭的日子，是不值一提的穷书生，但论起智力思想的活跃及高尚，却有鄙视王侯将相之气度，是一群处在只要是难的就觉得有趣，苦中作乐，苦即是乐的这样一种境遇中的人。

（《新订福翁自传》 福泽谕吉/著　福田工文/校订 岩波文库）

怎么样，从这流畅的文章中能看到福泽的爽朗性格吧。让人想到“真是一个性格爽直的好人”，给人非常舒服的感觉。为了成功而学习的念头是多么肤浅啊。如果无论采取什么行动都想公道，都拿金钱来衡量，抱着这种想法的话，那么无论如何也达不到这个大人物的深度的。

福泽的魅力在于他的爽朗性格，也有一些人的魅力在于他的细腻。比如诗人中原中也。或许是因为其纤细的程度非凡，读了中也的诗便会被他大器的人格所感动。《污浊了的忧伤》是他到现在依然还人气甚高的代表作品。

污浊了的忧伤

污浊了的忧伤
今天小雪初降
污浊了的忧伤
今天凛风造访

污浊了的忧伤
是狐皮衣的彷徨
污浊了的忧伤
在风雪中惆怅

污浊了的忧伤

失却梦想

污浊了的忧伤

在梦中平静地迎接死亡

污浊了的忧伤

还在痛苦恐慌

污浊了的忧伤

隐没在暮色凄凉

(《中原中也诗集》 中原中也/著　大冈昇平/编

岩波文库)

这里的忧伤是透明而美丽的忧伤。不然也不会被污浊。诗里蕴含了被污浊的忧伤。在此基础上还有白色美丽的雪花降落下来。仅仅一个忧伤都要如此纤细地品味是怎样的一个感性啊。不禁使人觉得自己的感性是多么的微弱啊。

诗人是用生命去感知事物、为其感动的，这种程度是常人难以做到的。

我在ETV[①]播放的《用日语玩耍吧》节目中，向大家介绍了金子

① ETV：日本的电视教育频道。

美玲的“我和小鸟和铃铛”“大渔”等诗，这些诗很受孩子们的喜欢。美玲女士虽然已经不在了，但她的诗词、她的感性和魂魄依然留在人间。这是非常了不起的。

种田山头火也是非常有人气的。种田山头火的诗并没用五・七・五式的俳句，他通过自身的节奏感创作了“自由律俳句”。

“拨开山路向前行，行过青山还青山”“笔直的路让人寂寞”“不知所措的我走在路上”。这些俳句都很有名。他持续写作出很多这样的俳句，也是一个怪异的人。虽说他是个怪人，但是作为流浪者他可是一流的。他为人慷慨大方。所以，接触过他的人，连孩子也会为他动心。孩子们觉得他非常有趣，还有的孩子对他说“我好喜欢这个”。真是跨着时代牵动着人们的心啊。

解读《跨越时代的普遍性意义》

像那些长期被人们喜爱、被全球人热读的文学，即便看起来内容很特殊，但一定会具有普遍性的。

例如，希腊悲剧《俄狄浦斯王》。它是创作于约2500年前的戏剧，主人公所处的环境距离现在非常遥远。传说在忒国出生了一个男婴，其生父忒国国王因收到不祥的神谕，得知男婴长大后将会杀父娶母，于是就令仆人把婴儿抛弃到荒郊野外。而这个婴儿被邻国的科林斯国王夫妇捡到，并起名叫俄狄浦斯。

长大成人之后，俄狄浦斯的命运竟然与他的生父所受的神谕一样。也就是说“杀父娶母”。

俄狄浦斯本人不知道忒国的国王是他的亲生父亲。当他得知自己命运的神谕后，为了不让自己犯下杀害养育自己的父亲科林斯国王，而离开了科林斯国。

在路上遇到忒国国王，后因意见分歧产生了争执，于是俄狄浦斯在不知道对方是谁的情况下杀死了他。后来俄狄浦斯因为除掉了出现在忒国的怪物斯芬克，于是被忒国的人民拥戴为王。并且娶了前国王的王后——他的亲生母亲为妻，还和他生了孩子。

以上是这个故事的前端。这一段故事的内容是当时人人皆知的神话。本书以这个神话为前提，描写了俄狄浦斯在知道自己的出身后灭亡的故事。这就是索福克勒斯写的《俄狄浦斯王》。

接到“找出杀害前忒国国王的凶手，将其流放”的神谕后，俄狄浦斯不知道自己就是那个凶手，竟为找出凶手想尽了一切办法。当然，最后把自己逼到绝境，他的妻子自杀了，俄狄浦斯的眼睛也瞎了。

俄狄浦斯的人生可能是特殊的。但是，可以对身处于残酷命运中的俄狄浦斯的境遇产生共鸣。正因如此，才会有人捶胸顿足地哀叹“啊！这是何等的悲剧！”

后来弗洛伊德在这个不断吸引人心的故事中提炼出了“恋母情

结”。这是精神分析学用语，指的是男孩对异性的母亲有留恋之情，而对同性的父亲有对抗情绪的倾向。

这个希腊悲剧的效果，并不立根于命运与人的意志之间相对立的这一点上。

> 他的命运之所以如此震撼我们的心灵，或许是因为他的命运也正是我们的命运的缘故吧。
>
> （《解梦》《弗洛伊德全集4》 新宫一成/译　岩波书店）

也就是说，俄狄浦斯的故事并不是某个人的特殊故事，而是具有普遍性的。的确，在孩子的成长过程中他的父亲（父母中同性的一方）可能会成为他最初的“敌人”吧。要不然古今中外怎么会反复出现，像影片《星球大战》这样，以“弑父”为主题的内容呢。

应该可以很清楚地知道，像这样跨越时代的普遍性所造就的深度了吧。

找到我的“专属名言”

自己烦恼的时候是非常难受的。但是，他人的烦恼却是可以拿来学习的。

在文学作品中大都会出现烦恼中的人。在知道登场人物的烦恼之后，明白了“相比之下自己的烦恼小多了”，或者明白了如何消除自己的烦恼了。

前些天在看一个叫《YOU来日本做什么？》（东京电视台）的节目时，有一个俄罗斯籍的年轻女性说她来日本的理由是“因为受到了太宰治的《人间失格》的影响”。《人间失格》给了曾经孤独艰辛的她活下去的勇气。这正是文学跨越了时代、跨越了国家影响人类生活的实例啊。

《人间失格》本身就是孤独而艰辛的小说，不属于那种读了直接让人涌出希望和勇气的类型。但是，直到现在还有很多年轻人都喜欢这个作品。

主人公叶藏因为“不懂生活”，认为自己与其他人不一样而感到不安和恐惧，并因此深受折磨。同时，他又想着无论如何都要活出个人样，成为一个可以相信他人的人。

应该有很多人是把自己和叶藏结合起来，一边对烦恼产生共鸣一边阅读的吧。后来叶藏几乎成了一个废人，他陷入了“如今的我谈不上幸福，也谈不上不幸，只是，一切总会过去”这样一种境地，给人一种简直是无可救药的感觉。同样是在太宰治的短篇小说作品《女生徒》中有这样一段话。

明天，还是同样的一天。

幸福，这辈子都不会来。这个，我明白。

但是，我要带着幸福一定会来到，明天也会到来的美好信念入睡。

（《女生徒》《奔跑吧，梅洛斯》 太宰治/著 新潮文库）

《人间失格》中描写的叶藏，其人物形象与太宰治自身比较相似，而这里写的是一个年仅14岁的少女。

即便如此，感觉这个少女好像真实存在，而且用的语气都是现在的女高中生普遍使用的。所以，这是一个可以认识太宰治之博大精深、言语巧妙的好作品。

接下来说一下这本书的内容吧，女生徒以她这个年龄拥有的丰富感性画了一天画，一天结束后，她钻进被子之前心中所想的就是上面那段“明天，还是……”“幸福，这辈子都不会来”这句话，给人一种悲观的感觉，但更能体会到一种不为幸福与不幸福而一喜一忧，接受现实向前行的坚强。

可能有不少人，对未来没有任何期待，对日复一日循环往复的日子感到精疲力竭了吧。

虽然没有从日常生活中体会到小小的幸福，也不奢望全新的未来或像画儿一样美好的幸福降临。那么就暂且接受这一现实。然后，入睡前一定要相信“明天，幸福一定会来”。当感到生活困苦时，请想起这句话，它会给予你支撑下去的力量。

语言是有力量的。所以，当你读书时，如果碰到打动你的语句，就把它当作自己专属的名言记下来吧。

“我的专属名言”会在我们人生的各种不同场合上帮助我们。所以，读书时，以寻找“我的专属名言”为目标去阅读也是很不错的做法。当发现让你觉得“这句话真好”的内容时，就发出声来读一读，然后抄录在笔记本上，让它牢牢地留在你的心里。

||| 可以感悟奇妙人生的经典著作4选 |||

《俄狄浦斯王》 索福克勒斯/著　藤泽令夫/译　岩波文库

这是众多希腊悲剧中的最高杰作。这个作品能够如此经久不衰地抓住人们心灵，就一定是触碰了存在于人们无意识层面中的普遍性的东西，弗洛伊德坚信这一点，并发现和提出了“恋母情结”。从影响后来的文化作品的角度讲，增添了古典风格。

不知不觉地犯下了杀父娶母这一具有普遍性罪行的俄狄浦斯，最后还由他自己亲自揭露这一事实，着实让人痛心难过。越是要从命运中逃脱，就越是被勒住脖子，变得动弹不得的悲剧，揭露了命运的压倒性力量和荒谬之处。

《人间失格》 太宰治/著　新潮文库及其他

太宰治的语言功底深厚、言语巧妙，读书不多的人同样也会被他吸引。

而且，他的作品人物刻画高深。所以说，一旦陷入太宰的世界里，就会加速你对人性的理解，这样说一点也不浮夸。

在他自杀前写下的《人间失格》可以说是太宰治文学的集大成之作。薄薄的书却有着极深的含义。在生活中被人疏远，背负着处世的恐惧，但又渴望着可以去爱他人、去相信他人的主人公叶藏，从他的身上看到自己身影的现代人也不在少数。这是一部具有普遍性的作品。古谷兔丸先生的漫画版《人间失格》，书中的人物形象刻画得活灵活现，给人以身临其境的感觉，很值得一读。

《心》 夏目漱石/著　新潮文库及其他

即使是以前读过的，再读一遍也会有新的发现，而且很可能会觉得更加有意思。漱石所描写的登场人物形象生动、惟妙惟肖，让人不禁感到他有着不同凡响的头脑。反复阅读时，如果有意识地关注某个关键词去读的话会更有意思吧。比如说就“血”这一主题。有这样一个场景，老师对我说“你这是要刺破我的心脏，吮吸我的鲜血啊”，还有另一个场景，K自杀时留下了血迹。“心”和“血”？这样关联着去读就会有不同的发现。

《银汤匙》 中勘助/著　岩波文库

这是由中勘助写于明治末期至大正时代的自传体小说，是一部了不起的文学著作。有一次我与筑波大学附属中学的学生一起出演

NHK电视台的《100分钟介绍名著》特别课堂节目中，我讲述的就是这部作品。书中描述的是中勘助儿时的故事，也就是明治时代的故事，调用五官描写的真实写照，所以很容易展开想象。描写的内心活动极其亲切和细腻。结合自己小时候的体验一起阅读就会体会到各种各样的感觉。阅读时请一定细细品味他独特的感性和优秀的语感。

読書する人だけがたどり着ける場所

第6章

指引人生的书的读法

比输赢更重要的是活法

我们因为习惯了美国式的资本主义，所以会自然萌生“想要成功”这种欲求。但是，如果试着沉浸在文学的世界里，就会有一种管它是成功、输赢都无所谓的感觉，或者说，应该会有一种不知他们的意义何在的感觉。

这是因为文学是建立在与经济的成功或输赢不同维度上的。它是不管怎样都要追求“活着”的深层意义上的一种活动。

太宰治写了好几个很棒的短篇小说，其中《眉山》是我特别喜欢的一个。

“眉山”是给一个在酒馆工作的女孩子取的一个外号。书中的我和我的朋友们是这家酒馆的常客，经常在背地里谈论着“眉山”。

打小就喜欢小说胜过吃饭的“眉山”，不知怎么的就和小说家的我和我的朋友们有了瓜葛。

而且，这个女孩经常说话不着边际。这些文人们嘴上虽然说着“这家酒馆因为有（眉山）所以去别的地方吧”，却总是去往同一家酒馆。有一天，我得知“眉山”因患上重病，辞去了酒馆的工作回老家了。而且，据说留给她的时间似乎不多了。

在此之前一直说“眉山”无知、吵死了的我，在这时脱口而出的竟然是“她是个好孩子”这句话。并口口声声地说着“她当时一定是很想听小说相关的话的”，“曾经是那么全心全意地伺候我们的”。那天之后，他们就再也没有去那家酒馆了……

“眉山”的人生里没有经济上的成功或输赢之类的价值观。有的是被打动心灵后的“哎，竟然还有这样意味深长的人生啊”这样的赞叹。若有人曾几何时说过谁是“胜利组”、谁是“失败组”之类的话，在此时，是不是觉得那些话显得那么的没品位，那么的让人羞愧呢。

“胜利组、失败组”这句话，大约在10年前经常被使用。可能在当时这句话也反映了相应的真实性吧。但即使是在流行的当时，如果是喜欢文学的人，应该对使用这个词也是有所抵触的吧。

比如一个头脑聪明的人，在工作上获得了成功，却常常说出这样浅显的话，还是会让人觉得他是个“遗憾的人”。不得不让人怀疑他是个缺乏素养的人。这是一个重要的视点，并不是有钱的人就很伟大、就很优秀。可能他们在资本主义的游戏中很会获胜，但这不等于伟大。何况还有故意选择不赢之路的人。

自问人活在世上的意义之所在，并不断地深入挖掘是人生的妙趣。在生活中经济的确是很重要的，但绝不是仅此而已。

书里有句名言："人不是靠面包而活。"也就是说，人不是只为满足物质需求而生存的。那么还需要什么呢？需要根据人生的意义而活着。通过读书既可以培育追问人生意义的力量，也可以了解世间万物的深刻含义。

何为活着？陀思妥耶夫斯基和弗兰克尔给出的回答

从抓住人生的意义开始进一步深入的话，就会变得可以深切地感受活着的价值。思考"对于自己来说人生的意义是什么""把什么作为价值"是意义深远的事情，同时也能让人发觉"人生本身"就有着超越其他的意义和价值。

《卡拉马佐夫兄弟》中也出现了"相比人生的意义，更要爱人生本身"这句话。

相比其他任何事物，首先要爱的是人生本身。可以说只有这样才能真正开始理解人生的意义。

另外，把心理学家维克多·埃米尔·弗兰克尔在集中营里的回忆录装订而成的《夜与雾》一书中有这样一句话："我们不要在生活中期待什么，相反的应该是一味地追问生活对我们的期待是什么呢，这才是问题。”

我们认为“生存的意义”就以实体存在着，并且动辄就要去寻找它，弗兰克尔说这样是不行的。相反，如果我们意识不到自己本身就是被追问的对象是不行的。

无论是在精神上还是在肉体上，都处于难以想象的极限状态下，让人产生“对生存毫无任何期待”这样绝望的想法是不难想象的。但是在这样的状况之下也能够存活下来的人，都是有着“我心爱的人在等着我”“还有重要的事情等着我”这样想法的人。

弗兰克尔本身也是通过想着等生还之后要和妻子重新生活，做一些有关集中营的心理学演讲挺过来的。每个人的心中都有着不可替代的东西！

每个人都有且不可替代的东西，当人们意识到它的时候，就能让人清楚地认识到它对人的生存以及让人想要继续生存下去这件事上，所承担的责任之重。对等待自己的工作和所爱的人有责任感的人，是无法从生活中离开的。

这正是因为知道了自己“为什么存在”，所以能忍受几乎所有的一切。

（《夜与雾》 维克多·埃米尔·弗兰克尔/著）

日本人生活在经济大国，但幸福感却很低。因为常常与他人比较，觉得自己的能力不足、年收入不如别人高，在比较中降低了自我评价，结果导致感受不到幸福了。但是，读文学书的话，对幸福本身的认知会有很大的变化。“我想要幸福”，这种想法虽然很对，但仅仅是简单的这一句就显得非常肤浅。

关系到东方的身份

我本人是日本人，但我很少说“我是东方人”。若被问到“你是东方人吗”，可能会回答“哦，是啊”，但不会特意这样去想。为什么会这样呢？原因在于，无论是东方的古典还是东方的精神文化都未被融合。

即使熟悉佛教、瑜伽、冥想，若没有接触过本质的部分的话，是很难有“我是东方人”的身份感的。这些都是在被宣称为“使人变得美丽的瑜伽”“提高工作效率的冥想”之后，才好不容易被引进来的样子。我对此有种违和感。

最近备受关注的“精神饱满冥想”，是从本源的冥想中得到启发，从中去除了宗教色彩之后得来的。作为提高集中力和提高创造性的想象力的训练在美国掀起了一股热潮。据说著名企业的员工培训部门以及商业学校都有授课，在商业上取得了不错的成果。

当然，采用冥想的好的部分不是什么坏事，但是，原来在印度达到的精神世界的深度，在美国作为工具变质后，终于进入日本并逐渐扎根，我觉得这很可悲。如果习惯了东方文化的话，就会对这样的潮流有违和感。

这是关系到身份问题的话题。如果东方的精神文化和自己本身处于被分割的状态的话，确立身份就变得很难了吧。

自己是什么人，从哪里来的，如果对此完全不知道的话，人就会有巨大的不安，难以涌现面对困难的力量。

反过来说，如果能和包括印度和中国在内的4000年历史中流动的精神文化联系在一起的话，就会变得强大。这就相当于使创造东方精神文化的佛陀和孔子这样的伟人和自己站在了一起。

说到东方的古典首先就属《论语》了。在东亚文化圈的历史中，论语可以说是最前端的。在日本江户时代，尤其儒家思想是文化素养的核心，也是理论观的基础。这么一想的话，东方人中还有没读过《论语》，不知道孔子的人吗？

与孔子为始祖的儒家思想相对的就是老庄思想。孔子非常重视如何处理人际关系以及包括工作在内的现实人生问题。而批判这种现实主义的思想，提出“自然无为”的便是老庄思想。

老庄思想主张，因为人是大自然的一部分，所以远离人为的东西，什么都不做，保持自然状态比较好。

这对日本佛教中的“禅”和“净土”也产生了巨大的影响，广泛地融入了东方人的心中。“井底之蛙，不知大海”这句有名的成语故事也是出自庄子的作品。

佛教也是创造了东方文化的巨大支柱，所以佛典也是必读的古典。即使不是原本，也有很多像《佛陀说》这样的书。至少读过这样的书就可以将自己的身份与东方思想联系起来了。

好不容易出生在东方，却不去好好认识东方思想，只懂皮毛，这就太可惜了。我希望大家带着一种探寻自己根源之旅的心情去读这些书。

如何丰富仅有一次的人生

“人生只有一次”，当然不能活在别人的人生里。但是自己一个人的经验是有限的。经验越少“想象所不及”的事物就越多。想象与自己所处环境完全不同的他人的心情就越困难。

但是，通过本书可以体验到他人的人生，可以身临其境地了解和体会到生活在另一时代的人、生活在另一个国家的人的人生。这是非常重要的。因为这是一种想象他人心情，并且投入感情地接受他人的经验。

我们在与他人相处的过程中，有必要理解并认同他人的心情，并接受他人的感受。这样一来自己就会成长，人生也会变得丰富起来。

《某明治人的记录》是记录了从少年开始生活在幕末动荡时代的会津藩士——柴五郎的书。柴五郎是后来成为陆军大将的一个人。

那是个柴五郎苦难的少年时代。《某明治人的记录》中记载的是幕末、明治维新的所谓的“黑暗历史”。这是与胜利一方所写的历史不同的现实。

被扣上了“朝廷的敌人”这一污名的会津藩，受到了萨长军的攻击。在柴五郎11岁的时候，他的父亲和兄长因为即将来临的战争去了城堡。留在家里的男人仅剩幼小的他一人。他因为收到了亲戚的邀请，就去外面留宿了。但其实在这之后，祖母、母亲、姐妹都将自尽。

不知道这就是永远的别离，向送到门前的祖母、母亲鞠了一躬，便匆匆离去了。真没想到这竟然是祖母、母亲、姐妹她们在知道这是永别的情况下送的我啊。

> 就连年仅七岁的、年幼的妹妹，都拿着匕首等着自杀的时刻，不论我有多么年幼也不能钝感到毫无察觉啊。真的是不胜惭愧，回忆起来无比的痛苦。
>
> 《某明治人的记录》——会津人柴五郎的遗书　石光真人/编著　中公新书

这是何等的懊悔与痛苦之情啊。从文章的每个角落都能深深地感受到背负着当时记忆的痛苦。这样惊人的时代、惊人的人生竟然在现实中存在。

文章很有力量，请一定出声阅读。我每次放声朗读这本书时都会流泪。

只靠自己就能感受人生的丰富，实际上是很困难的事。自己现在存在于这里，是因为迄今为止的历史中有各种各样的人生存在所造就的。通过了解各种各样的人生，应该能感受得到“人生本身所具有的丰富性了”。

||| 指引人生的经典著作6选 |||

《麦克白》 莎士比亚/著 福田恒存/译 新潮文库

满满的深奥的名言，自始至终贯穿着令人窒息的紧迫感的不朽名著。身为苏格兰武将的麦克白，因为想要成为王的野心与对王的忠心产生矛盾情绪，在他动摇的时候，他的夫人用激烈的言语挑唆他。

“坐下，你就打算这样拖拖拉拉地度过一生吗？”既然都发誓了就“把喝奶的孩子的脑浆挖出来给人看看吧”，这样的夫人给人的冲击是强烈而富有魅力的。朗读这一段会使人亢奋。请一定以你是演员的心态来朗读，细细品味一下吧。

《堂·吉诃德》 塞万提斯/著　牛岛信明/译　岩波文库

本书名声显赫，但读完的人却少之又少。虽然一共有长长的6册，但也不会因此觉得漫长而辛苦，反而会因为可惜就要读完了而想放慢速度多读一些时间。

被称为近代小说始祖的这个作品，它的主人公是一个因为读骑士道的故事读多了，导致认为自己就是一个骑士道的男人。堂·吉诃德与周围人们的“意识的偏差”引起了他们的摩擦，故事以此为推动力不断展开。堂·吉诃德与桑丘·潘沙是非常出色的组合。他们是捧角和逗角的终极形式，他们不仅不会给人带来危害，反而还会给人带来快乐的“令人羡慕的名人”，他们就是这样活用这些朋友的。

《金阁寺》 三岛由纪夫/著　新潮文库及其他

这是三岛由纪夫以1950年的金阁寺放火事件为题材所写的文学杰作。主人公是一个畏缩不前，因口吃而有自卑感的青年僧人。以僧人告白自己被金阁寺的美丽所魅惑，在纠结过后，最后为了复仇和独占而纵火的心像展开了描写。

针对语言的问题和美的矛盾情绪，描写得非常深刻而有趣。我曾让学生们朗读过这个作品。读完作品的学生中，很多人都称赞“三岛由纪夫是个天才！”在战争中都未被烧毁的金阁寺，竟然被纵火烧毁了，这样意想不到的事件，一想到因为这作品而活着，就觉得更有意思了。

《东京奥运会》 讲谈社/编辑　讲谈社文艺文库

1964年，在东京举办了奥运会。从这一世纪的盛典中截取了部分场景，由三岛由纪夫、大江健三郎、井上靖、远藤周作、小林秀雄等著名的文学家，将场景以文章的形式表现了出来。

比如，三岛由纪夫以“白色抒情诗”为题，描写了女子百米仰泳的场景。将获得第四名的田中选手，在赛后回到赛道悠然自得的泳姿，描述成了精彩而奢华的“孤独”。“这份孤独只属于她一个人，她的肩上已不再背负任何人施加的重担”。

如果没有这篇文章，像这样的场景几乎不会留在任何人的记忆中，但它却鲜活地浮现在人们的记忆中。

《读懂诗的意境》 茨木典子/著　岩波少年

本书的作者是诗人茨木典子女士，她的代表作有《不依靠》和《自我的感受》，这两首诗非常有名。在本书中，茨木女士选出自己喜欢的诗作，对这些诗的魅力饱含热情地进行了阐述。

比如，谷川俊太郎的《悲哀》、中原中也的《羊之歌》。还有茨木女士用她丰富的感性和凛然而温柔的语言来讲述的珠玉的诗。因为是入门级青少版新书，所以非常容易读，也有诗人与诗的背景介绍。如果有喜欢的诗，请一定试着放声读一下。

《辞世歌》 松村雄二/著　和歌文学会/主编　笠间书院

在《日本诗人选集》系列中，即使不熟悉诗歌的人也很容易上手的当属这本。它是收集了丰臣秀吉、千利休、十返舍一九、吉田松阴等历史人物的“辞世歌”而成的书。在告别这个世界的时候，把心里话写成诗咏诵的“辞世歌（句）”是日本独有的文化。通过短短的言语，可以感受到无法形容的深奥。

这本书的解释非常清楚，描写了日本人是如何面对死亡的。纵观众多的辞世歌，就能感受到日本人的精神史了。

読書する人だけがたどり着ける場所

第 7 章

难读的书的读法

敢于选择名副其实的真物

除了书籍以外，电影、漫画、绘画、音乐等都各自有着称为著作的作品。一流的东西都有着巨大的力量。

维瓦尔第的《四季》，即使不是古典音乐的粉丝也应该都听过。春夏秋冬4个乐曲组成的《四季》，诞生于1752年。它曾在18世纪末到19世纪末的大约100年的时间被遗忘，在1949年乐谱被发现后再次出版。在日本因意大利的室内乐团“穆西契合奏团”的演奏，点燃了人气之火。成为古典音乐中最有人气的一首曲子。

“春”虽然有名，但在东京电视台的法国公开赛中演奏的是“夏”。听到节奏明快且具有戏剧性的小提琴旋律，脑海内就能浮现出那红土上的激烈战争。

试着再听一遍，他那即便是现代也完全通用的作曲水平不得不让人赞叹。“啊，原来用音乐也能表现出深处的奥秘呢。”我既不是作曲家也不是演奏家，但却知道它的确很好。它让我感到生于这个世界、生在这个时代、得以认识维瓦尔第简直是太好了。

一定也有很多人觉得，能够认识到莫扎特、巴赫这样伟大作曲家的作品，简直是太棒了吧。一流的作品能给人极大的感动。

当想把一个伟大作曲家的其他作品全部都听一遍的时候，又会被他的作品之多而震惊。维瓦尔第有超过500首的协奏曲，其他还有歌剧、奏鸣曲、室内乐曲等多种类乐曲，其中主要作品集就有40张CD的量。像莫扎特的全集有170套CD（1套有2张）。想要全部听一遍，那是需要相当的时间和精力的。

文学作品也同样，有很多伟大作家的各种全集。要想全部阅读那可不得了。估计会让人产生“哇，这么多能读完吗？”而驻足不前的感觉。

到“丸善”这样的大型书店时，就会给人“有这么多的书要读啊”的兴奋感，或者是“这么多的书啊，看来我是怎么也读不完了”的恐惧感。若是后者，可能就有想放置一枚像梶井基次郎的《柠檬》中的柠檬炸弹的想法吧。这会让人意识到，在这世上生活，有了解不完的深刻而优秀的作品。所以，根本没有时间花在那些粗俗浅显的事情上。

想尽量接触那些一流的东西时，选择古典基本不会错的。但并不仅是古老的那种，而是跨越时代仍被很多人所喜爱的。历代高评价作品，当今也不失价值。那些承受了时间的洗礼仍然保留下来的，都是有着相应的力量在内的。

读书不需要才能

写一流的书当然是需要才能的，但是，读书却不需要才能。如前面讲述，原本每个人对知识都是有好奇心的。每个孩子都喜欢读书。只是随着成长远离书了而已，潜力还是可以挖掘的。

只要养成了读书的习惯，读书就会变得越来越轻松。而且思考、知识、人格都可能会得到深化。

《百人一首》（汇集了一百位歌者的一百首和歌）中有这样一首歌“相识犹恨晚，相爱费痴缠。爱恨纠结中，此心难复前”（和心爱的你密会之后的思念情相比，过去的思念就如虚无缥缈啊）（权中纳言敦忠）。仿照他的话说就是，读书会让你有所领悟，“自从开始读书以后才发现，以前真是不知世务啊”。

顺便说一下，读书不需要太多的钱。当然，曾经有过入手一本书都很难的时代。《福翁自传》中就有福泽谕吉向人借来一本因为价格太贵而买不起的荷兰语的书，连夜抄录了一段的小插曲。博物学者南方熊楠，据说也曾拜访藏书多的人家把读过的书记住，回家再凭记忆抄录下来的经历。

现在读书就没有那么艰难了，书没有那么贵，想入手很简单。说现在是一个几乎不用钱就可以读书的时代一点也不为过。

我平时经常用iPad Pro读电子书，如果利用“Kindle Unlimited（包月借阅）服务”的话，每月只需消费1000日元就可以畅读10万册以上（日本书）的书籍。

这简直就和免费阅读差不多了。如果动了心，不用多想，马上读起来吧。这样的话，平时不买的书、不认识的作家也都能够了解得到。既然享受包月服务，那就可以毫无吝啬地快速、大量地阅读，平时不擅长速读的人也可以变成速读能手。包括漫画在内，有一天我整整读了10本书。

不仅是Kindle，最近还有很多类似的“自主阅读服务”。纸质书也有很多，可以去二手市场逛逛，也可以去传统的图书馆阅读。

就算“买回来没读”的书增多了，也不会失掉作为智人的自豪感，所以请不要介意。比起买回来没穿的鞋子、买回来没用的减肥机械要好多了。

想锻炼注意力，就从难读的书读起

读书可以锻炼注意力。阅读大量的文字的同时还要理解它，那是需要高度集中注意力的。注意力一旦分散，即使紧追着文字阅读，内容也没法进入大脑。对于还没有习惯读书的人，想要持续集中下去是很困难的，会感觉很“很麻烦”。

所以会倾向于阅读一些不用很费力的简单的书。就像用梗概来理解古典名著的书一样，那些把内容分解、简单化了的书是比较热销的。

也就是说原著是“坚硬、难啃、需要咀嚼力”的，所以，如果一开始的时候是“软化”过的，那就好读一些了。

当然，如果一直只吃软糯的东西的话，下巴的咀嚼力就会退化。久而久之，如果没有人帮忙啃碎、嚼烂，自己就没办法进食了。要是这样的话想要真正品尝一流的东西就很难了吧。

与此相反，如果能努力一次，锻炼下巴的力量的话，往后读起来就会很轻松。

所以一开始反倒应该借着势头，啃难啃的书才是最值得推荐的。也许一开始的时候会因为有些地方无法理解，导致继续阅读变得很痛苦，甚至产生想放弃的念头。但是，即便如此也要坚持读到最后。

有不知道的单词就去查，有时可能还需整理出主题以及登场的人物之间的关系图。通过一点一点的努力坚持读到最后就会产生自信。

一旦有自信了，下次还可以坚持读下去。再下次也同样，就这样读起书来可以说是轻车熟路了。慢慢地就会有“相比那本，这本算是简单的”“感觉很快就能读完”这样轻松的感觉。

通过不逃避、直面书籍并坚持阅读，可以锻炼注意力，且对兴趣、学习、工作都会有好处。“有想要做的事情，但总是做不成”的情况，很多时候都是集中精力的问题。如果能集中精力一个一个地解决，就能在很短的时间内达成目标，最终也会有富余的时间。富余的时间增多了，就可以做更多想做的事情了。

当我和他人说，我在大学任教之余，还做着电视台的工作，还能执笔写一些书，与此同时我每天都阅读大量的书、漫画或看电视、电影。很多人会惊讶地问“哪里来的那么多时间啊？”我的回答是“这都是拜我读书培养的注意力所赐”。

最高级的做法是把自己融入到角色当中

虽然我推荐一开始就该阅读正式且难读的书来获得自信，但我想应该还有一些人会说着“话虽这么说吧，不过……”这样的话，畏缩不前吧。

阅读那些“用摘要理解世界文学”这样的书难道不行吗？或许有些人会认为可以获得似乎具有教育意义的东西。

的确，这样的书不管怎么说都可以让人在短时间内了解到书的主要内容，所以还是非常便利的。

但是，文学作品了不起的地方不在于摘要。摘要只不过是相比不知道还是知道的好这等程度的内容。比起一开始就读正式且难懂的书，先了解一些摘要之后，再开始阅读是比较容易读的。从这个意义上讲，可以灵活利用这类书，不过仅阅读摘要是不能代替读书体验的。

所以，我给大家的建议是“即使只是高潮部分，也要放声阅读”。也就是说，在了解了摘要之后，放声朗读重要的部分。

这是一个非常好的读书体验。大学生和小学生放声朗读了几页名场面的内容后会说“放声朗读之后才能体会到伟大之处”。就算有些语句很难理解，也可以成为触及其精髓的深刻的体验。

所谓一流的文学，它的原文中都有不可思议的力量。哪怕是翻译文也有与摘要内容不可同日而语的力量。放声地朗读，就能切身体会到那充满魄力的语言的魅力。不单是从字面，而是全身心地享受书中世界的感觉。完全融入到角色中去阅读，有时也能理解默读时一时抓不住的心情和字里行间的意义。

另外，放声朗读还会体会到好像通过自己的身体听到了伟大的作者的声音的感觉。虽然声音是自己的，但因为语言中蕴含着不寻常的能量，就仿佛作者来到眼前，在对着自己讲一样。

想要品味得更深刻，可以尝试夸张的戏剧般的朗读。演技不好也没有关系，全当自己就是作者和登场的人物。重要的是要有这种想法和意愿。模仿是学习的基础。尝试模仿着去读，可以学得更加深刻。

回旋于书、电视剧、电影、连环漫画中

若说阅读《源氏物语》的一部分，应该谁都阅读过吧？这是日本最高文学之一，这一点是无可厚非的，是国语课（注：相当于语文课）的必读文章。

但是，要读完整篇是相当困难的。

漫画版的《源氏物语》——大和和纪的《浅梦》，累计销售超过了1700万部。读过《源氏物语》原著的人可能不多，但有那么多人阅读《浅梦》，《浅梦》被那么多人喜爱，这是很了不起的。它的品质高，而且可以充分地感觉到《源氏物语》的优秀之处。即便是漫画，若是优秀的，阅读之后所获得的东西也是很珍贵的。

不只是《源氏物语》，很多难以接近的名著都被改编成漫画了。陀思妥耶夫斯基的《卡拉马佐夫兄弟》和《罪与罚》也可以读到它们的漫画版。与阅读文字虽是不同的体验，但是作为瞬间的体验也是很不错的。

如果在漫画中与那个世界亲近的话，就能顺利进入到那个世界。这样就会有阅读的欲望，哪怕是仅仅朗读作品中自己喜欢的那个场景。

我个人非常喜欢漫画，所以看得也很多。

并不是只读书或只读漫画。不是“or”，而是“and”。书也好漫

画也好，尽管读就好了。

读书量大的人，大都有大量阅读漫画的倾向。因为读书的人集中力很强，所以漫画也能大量地阅读。

如同书可以创造出一个世界一样，漫画和电影以及电视剧也都有着各自的世界。它们都有着各自不同的特质。所以我认为尽管去乐在其中就好了。

我不仅会看我读过的小说改编的电影，也会找看过的电影的原著去阅读。还有很多是漫画改编成电影的。我不论看哪些，都会有“这个漫画改编成电视剧是这种感觉啊”“这个很难的场景就是这样拍摄的啊”这样的感慨。

就这样进入到书、漫画、电视剧、电影的各个世界里，在不停的回旋中深化下去。

有一个出自古屋兔丸先生的名叫《帝一之国》（集英社）的非常有趣的漫画。讲述了一个“要成为总理大臣，建立自己的国家”这一野心的主人公赤场帝一，他竭尽全力地争取超名门高校的学生会长选举的校园喜剧。

我看到保留了这个漫画所独有的世界观的电影时，内心油然升起“这个电影拍得真是精妙绝伦啊”的佩服之情。

兔丸先生也把太宰治的《人间失格》做成了漫画。对主人公叶藏的心理描绘得细致入微，是一部了不起的作品。

如果读完这部漫画，再重读小说就会得到更进一步的了解，可能是有种相辅相成的效果吧。

以前曾见过兔丸先生并向他询问过，他说他画漫画会站着画一天，让我感到很惊讶。也就是说，那些细致的作品是每天以站着的姿势画了10多个小时创作出来的。给我留下了他“非同一般”的印象。

与书一样，漫画的神奇之处在于漫画家独自创造了一个世界。他们花很长的时间，孤独地挥动着画笔创造出了一个世界。他能够给人一种美妙的感觉，阅读漫画的自己仿佛可以共有他那份孤独感，还能感受到作者与自己分享的孤独感。

有“不明白”的地方也可以

能简单易懂地解说不太理解的部分的信息类的书籍，会给人一种“原来是这样啊”的耳目一新的感觉。

精简主题并紧凑地总结内容的“新书”有利于进行“流畅的读书”。虽然难易程度各不相同，但基本的论点很明确，可以让人发出感叹“原来如此，原来如此啊”并一边点头一边继续读下去。适合速读的书就是这种类型的书。

还有以揭开谜底为主的推理小说，当复杂的谜底被揭开的时候，会给人“原来是这样的啊”的豁然开朗之感，令人觉得非常有趣。

这种爽快感就是读书的乐趣之一。

另外，还有一种使人眼花缭乱的书。就是那些可以理解为多种意思，根据不同的人有不同解释的书。或者是那些对于当时的自己而言有点难读、难以理解而感到迷糊的书。

比如，读尼采的《查拉图斯特拉如是说》时，可能会有不太明白的部分。这只是说明当时不明白而已，并不是什么莫名其妙的事情。从自己理解的部分开始揣摩下去的话你会认为这一定是一件很深奥的事情，也就是说还有深不可测之处。

等过段时间再重新阅读时，可能曾经不理解的部分这次就能理解了，曾经无法认同的观点也变得可以接受了。好的作品就是这么有深度，每次阅读都会有新的发现。

还有一直悬在心里的匪夷所思的事情，突然有一天会恍然大悟，“啊，原来是那个意思啊”。

迷迷糊糊、眼花缭乱的感觉也是读书的快乐，有不明白的地方也不用介意。

欣赏古典“挑选名言阅读”

To be, or not to be: that is the question.（活着还是死去，这是个问题。）

这是《哈姆雷特》中出现的有名的一句话。很多人即使不知道哈姆雷特也可能听过这句话。

古典名著里一定会隐藏着很多名言警句。如果本着要找出名言的心态“挑选名言阅读”方式去读的话，那么阅读古典也就不足为惧了。虽然说是片段式的，但是在那片段里蕴藏着古典的精神。

相比因“一定要把它读完”的强迫性而远离古典，倒不如轻松地接近古典，并感受那种精神。

“啊，看到了，在这里写着呢，原来是出自这里啊”。找到了就马上圈起来，突出名言的存在感。这种做法会让你强烈意识到自己的书上写着那句有名的话，会有种“读过的感觉”。引用名言的时候，你就可以堂堂正正地说出来了。

《论语》中有非常多的名言，比如“学而不思则罔，思而不学则殆”“过犹不及”“见义不为无勇也”等。

像这样哪怕只找到3句名言也就可以了。就算没读完整，已收集的名言就是你自己的了。如果你不知道究竟有怎样的名言时，就先找一本解说的书粗略地翻阅一下。

当你想读外国书籍的时候，“挑选名言阅读”的方式也很适用。

可以先大致翻阅一章已经被翻译成你熟知的文字的书，在自己觉得有趣的部分画上线。用红、蓝、绿等3种颜色做标记，以便后续查找。

然后，再在外语书中找到与自己画线的部分相对应的内容，并用同一颜色画出来。如果完全找不到，可能是你还没达到可以读懂那个语言的水平。如果多少了解，应该是可以找到“对，就是这句话！”的部分。每一章节都如此重复下去。

这样的话，那本画了线的外国书籍就在自己的手中了。书中留下的痕迹有种“读过的感觉”，是不是觉得酷酷的。这时的你可以经常去外国书籍的柜台尽情地摆酷了。

“我居然能读外国书籍了，这也太酷了吧”，这种自豪感对养成阅读的习惯是非常重要的。在等待的时间既可以打开外语书、古典、现代著作阅读，也可以重新翻阅那些名言，再或是在咖啡厅舒舒服服地阅读。这种爱读书的人真的很酷，书籍是形影不离的物品。作为期待出版文化的光明未来的人来说，是希望可以变成这样的。我相信出版文化的未来是光明、灿烂的。

“沉浸式阅读”与“批判性阅读”

阅读使作者和登场人物的世界植根于自身，使自己的人生变得更加丰富多彩。通过读书可以让你的世界变得越来越大。

但另一方面，读书也有被他人深入自己内心的恐惧。读了远比自己有思考力的人的思想，如果那个人深入到自己的内心的话……可能会受到丢失自我那样巨大的影响。所以，如果读书方法不正确也是很危险的。

当今被称作杰作的书籍中，有很多是历史上曾被禁止出版的禁书。秦始皇就以儒家对于治理国家有阻碍为由烧毁了儒家书籍，并活埋了对此有批判和反对意见的儒学者，这就是所谓的“焚书坑儒”。书的力量就是如此强大。

读一本书需要一定的时间。在这段时间里，作者就在我们的脑海中不断地讲述着。当把自己的全身心投入到书的世界中时，人往往会陷入分不清自己和作者的状态。关键是会跟着作者使用书中的语言，还能追溯到作者的想法。读书就是这样很容易受深层次东西的影响。

这样一想，根据情况“批判性阅读”也是很有必要的。

但需要注意的是，看什么批判什么或者歪曲事实的读法是无法进行深入思考的。暂且接受作者的思考和世界观，应该会得到更大的收获。

“沉浸式阅读”也是很不错的。因为可以完全沉浸在书的世界里，可以加深思考。在此基础上进行批判性阅读。就像从稍微远一点的地方看的感觉。这个视点是在阅读各种各样的书时可以自然掌握的。

如果陷入到一个作家的世界里，只读这个作家的作品，那么你的观点很容易出现偏颇。在你的世界里只有一位作家的话，你的思考是无法深入的。读一些不同风格的作者的书或者不同领域的书，就可以同时形成几个不同的观点。这样才可以取得平衡。

掌握这种平衡后，就可以一面沉浸在作者的世界里一面进行批判性阅读了。

我经常向年轻人询问他们喜欢读的书。有一次我听到的回答是“我喜欢读希特勒的《我的奋斗》”，我只是说出一句“啊，是吗？”真是一言难尽的感觉。的确这是一部杰作，但是那么多的书中偏偏选择这一本，不得不使人感到有失偏颇感。

||| 挑战不朽经典著作10选 |||

《谨译源氏物语》 紫式部/著　林望/现代语译　祥传社

这是日本文学的巅峰作品。这部作品的原文非常不好理解，因此建议先通过阅读现代译文欣赏书中的故事，再细细品味原文。这本书是由国文学者、作家林望先生准确且有美感地解释成现代语言的。

如果是这本书的现代文，应该可以读完全卷，若还没有自信读完的读者，请试着从《若菜》（第六卷）开始阅读。《若菜》很接近近代小说，登场人物的心理描写惟妙惟肖、精彩绝伦。源氏大概有40岁，一直很风光，是千载难逢的受众人欢迎的男子，后因报应临头而心急如焚。大塚光先生的筑摩文库版也是很有趣且容易读的译文。

《论语物语》 下村湖人/著　讲谈社学术文库

这是小说家下村湖人使用《论语》中的句子呈现的孔子与他的弟子的故事。读《论语》原文很难想象出真实孔子的样子。但是以故事的形式阅读，孔子的人格就能很清晰地浮现出来。同时也能了解他的弟子们的性格，是一部非常有趣的作品。

建议结合中岛敦的短篇小说《弟子》一起阅读。书中讲述了孔子弟子子路的人生经历。

《论语和算盘》 涩泽荣一/著　角川文库

涩泽荣一参与了国立银行及其他500个以上企业的设立，是一位被誉为“日本资本主义之父”的伟大实业家。涩泽荣一最推崇的书就是《论语》。涩泽荣一称“我要用论语贯彻我的一生”，就这样将通常被认为与经济相去甚远的“论语”应用于商业和实业当中，将论语当作信念灵活运用于实例中。这是将古典结合现实去思考，并活用到自己人生的实际事例。

能够了解涩泽荣一作为日本实业家取得巨大成功的背景也很有意义。

《漫画老庄3000年的智慧》 蔡志忠/作画　田武司/译　野末陈平/主编　讲谈社文库

与孔子倡导的人们在现实社会中的生活方式的教导相反，“自然无为”的老庄思想也应该了解一下。这是把《老子》《庄子》翻译成现代语的漫画版。翻译版的书世界各地都有。虽然对日本人来讲，是容易适应的思想，但原文的难度太高，对于第一次读的读者，建议先看这本书。

“大器晚成”“无用之用”这些大家耳熟能详的话实际上都出自老庄。其中有“道”这样难懂的概念，不需要拼命地去读，而是要全身心地放松一点一点地去品味。

《口语译古事记》(完整版) 三浦佑之/译·注解 文艺春秋

这本书写于8世纪初，是日本最古老的历史书(业界有不同看法)。与《日本书纪》的相同之处是，都是根据天武天皇的命令而编撰的，书中体现了天皇家支配的正当性的目的。与《日本书纪》的不同之处是，它不颂扬天皇家，反而对有些内容持有疑问，这恰恰是它的魅力所在。以大国主命为中心的出云系的各神本来与以天照大神为首的天孙系是对立的关系，大国主命的出场频率很多，也很有趣。这本书在现代语译文的基础上，还特别标注了细致的注解。

《了解过旧约圣经吗?》 阿刀田高/著 新潮文库

想要了解西洋文化，圣经是必不可少的。新约圣经是基督教的圣典。旧约圣经是犹太教的圣经(也是基督教的圣典)。这是一个讲述创造世界的全能神耶和华与以色列人民的契约和交流的故事。从天地创造伊甸园、该隐和亚伯、诺亚方舟等大家熟悉的人物的故事开始，到约伯记、利未记、以赛亚书等，即使有点难读的部分，也可以作为有趣的随笔来阅读。

这个系列中还有《你了解希腊神话吗》《你了解新约圣经吗》《你了解古兰经吗》等书，都值得一读。

《弓与禅》 奥根·赫利格尔/著 鱼住孝至/译·解说 角川索菲亚文库

德国的哲学家赫利格尔，将自己在日本拜师学习弓道，以及领悟到的禅的奥义整理成了这本书。阐述的是如何通过集中精神和锻炼身体达到无心的境地。该书非常详尽地说明了自己亲身体验的经过，是长期在全世界被广泛阅读的日本论的杰作。

弓道大师阿波研造所讲述的内容当然是深奥的，可赫利格尔的认知力也是相当了不起的。这本书已尽力表述得简单易懂，所以读起来应该很轻松。

《卡拉马佐夫兄弟》 陀思妥耶夫斯基/著 原卓也/译 新潮文库

这是小说中的最顶级作品。虽然读起来不简单，但如果能读完这个最有趣、最有深度的杰作，那就算是最有价值的阅读。

杀害卡拉马佐夫家的父亲的人是谁？从这一悬念开始逐渐将人们引向了何为生存、如何正确对待欲望、世界上有神吗、良心是什么等这样的哲理追问之林中。性格、立场、价值观都不相同，有各自的“超越意识”的登场人物们展开了喋喋不休的大乱斗。

名场面不计其数，保证你能切身体会到什么叫读书体验。

《徒然草》（新版新译） 兼好法师/著 小川刚生/译注 角川索菲亚文库

兼好法师抓住本质的能力和洞察力是非同一般的。每一个小故事既有启发性，又充满了情感和幽默体验。全书只有243段短文，会让你忍不住一口气读完。真希望把这个作品设为中学阶段的必修课。确认现代译文的同时，对感兴趣的部分请放声阅读原文。我感觉人生中重要的事情基本都写在了《徒然草》里了。我认为这是日本的古文中最能直接应用于现代的古典。

《迈向自由的一大步》 马丁·路德·金/著 雪上庆正/译 岩波新书

这是由一位美国公民权利运动的指导者，以“I have a dream”演说闻名的牧师——马丁·路德·金所写的书。1955年在美国的蒙哥马利发生了一场大规模的黑人联合抵制运动。起因是坐在公交车白人专用席位上的黑人女性拒绝给白人让座而遭逮捕和拘留。成为联合抵制运动指导者的金牧师生动地讲述了当时的体验和非暴力抵抗之路的哲学。

这是一部杰作，仿佛听到了金牧师的心声，让你体会一种身临其境的感觉。

结束语

谈了这么多读书的方法，不知道你有没有从中获取到适合自己的方法，如若能帮助一点，那就没枉费读这本书。

所要读的书，还有太多太多，所要发掘的读书法，也有许多许多，本书不能详尽。只是做个引子，希冀能勾起你读书的欲望，让你窥见读书世界的星辰大海。你大可以抛开本书所列书目，去读你想读的书，你也可以抛开本书所提的方法去找寻适合你个人的方法。

尽数读书的好处，以及分享究竟该读哪些书，之于个人消遣来说，是很个人的事情，你大可以有成千上百种选择；之于大众来说，直接获取选择攻略，从少中又少，精而又精中选择，才是本书要做的事情。

在读书方面，稍有所获，就拿来与众人共同学习打磨，是想读书者以及乐于读书者最消遣的事情。

不想再过多强调读书有多好，只想强调，请放下你手中的电子产品，暂时从社交媒体上移开注意力，给予书籍更多的时间吧。让我们从古人那里，从圣贤的先进思想那里，获取力量与支持。不久你就会发现，人生的路，早有导向标；人生的难题，早有已解的答案。

九宫格写作法

如何写出一篇好文章

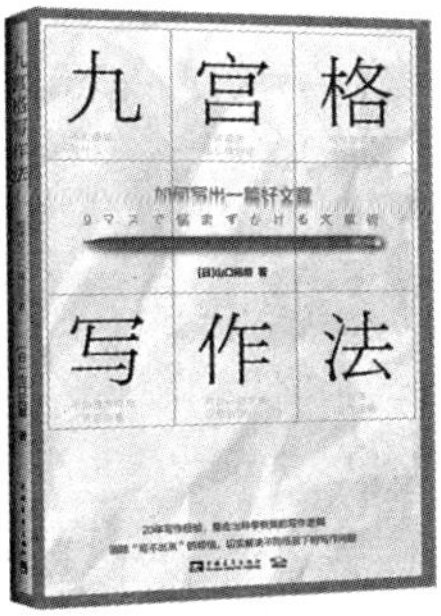

ISBN：9787515361819

著　者：〔日〕山口拓朗

出版社：中国青年出版社

定　价：59.00元

◆ **“写文章”不只是出于专业需要、学术需要，它已成为个人发展和日常交际必备的底层技能，大到策划案、小到外卖评价，都需要收集、整理素材，输出内容。本书提供的正是对这一技能的有效训练。**

◆ **本书给出了简单、易操作且经实践有效的写作方法，九宫格就像充满趣味的填字游戏，激发人们“看到空格就想填满”的本能天性，帮助人们以简单的框架梳理繁杂的信息，应对各个场景下的写作需求。**

◆ **作者山口拓朗是亚洲知名的商业撰稿人、畅销书作者，致力于实用类写作技能的研究和培训，聚焦生活场景中的应用文写作，并针对自媒体时代社交平台的特性分享了独到的写作方法。**

写文章是你的痛点吗?

本书以独特的“九宫格”为框架，启发读者直面自己的观点和感受，收集素材、推敲文笔、巧用模板，逻辑清晰地将已知信息有效输出。

作者用积累了20余年的写作经验整合出一套科学有效的写作逻辑，为你消除“写不出来”的烦恼，用极简的方法提升个人极为重要的底层技能。

也许你是整日与邮件打交道的白领，也许你是急需优质文案的策划人，也许你只是想好好发个朋友圈的普通人……本书就是为你量身打造的“写作秘籍”，从此轻松应对日常场景下的写作需求。

现在，填满“九宫格”，升级你的写作技能!

如何写出一篇好文章

不动笔就能学会写文章的训练法

★ 写文章并不是作家的专权！

★ 生活中随时会需要写点东西，有的是长文，有的是短文，从邮件、文案到报告、调查，无所不包。

★ 这本书的神奇之处就在于，告诉我们一个写作的真谛：不动笔就能学会写文章。更重要的是，这一真谛可以通过训练来掌握。

ISBN：9787515356006
著　者：[日] 山口拓朗
出版社：中国青年出版社
定　价：49.00元

如何写出一篇好文章？

一篇文章的好坏，九成取决于动笔之前。

即便不是作家，或文字工作者，相信每个人都有枯坐在桌前，面对空白的Word文档苦苦思索的经验。

不管是Email、广告文案还是企划书，“写不出来”“不知该如何开始”“写的东西没办法说服人”……永远都是职场菜鸟、写作小白的噩梦。

本书并非专门写给“写手”——职业作家或记者看的，而是写给普通人的写作书。本书作者在成为日本写作高手之前，文章被批评为无趣、不具说服力、没有观点……差点失去了成为职业写作者的信心。通过不断思考何谓“好看的文章”，终于将“随便写写”上升到“写之前先准备”“思考过后再写”“写时思路清晰”……下笔必成的状态。

模板写作法

世界上最简单的写作课

亚洲知名商业撰稿人，畅销书作家

1972年生于日本鹿儿岛县，成长于神奈川县。曾在出版社担任编辑和记者，之后成为自由作家，20余年间采访超过3000人。

ISBN：9787515363394
著　者：（日）山口拓朗
出版社：中国青年出版社
定　价：49.00元

★ 日本写作大师山口拓朗20多年写作心法集成！

★ 写作极简速成法：将写作放到模板中，懒人也能写出好文章！

★ 勘破写作的秘密："列举型""故事型""结论优先型"三种有效且通俗流畅的写作模板，以及在三种基础模板的基础上组合得出的若干种"组合型"模板！

这是一本懒人必备的模板写作指导书。

"写点什么"是当代人无法摆脱的一大难题。

那么，写作难道没有章法可循？答案当然是"有"。

尤其对于实用文而言，写作的基本要求就是高效且清晰，对此模板便提供了有效的章法。日本著名的写作大师、畅销书作者山口拓朗基于20余年的写作经验，总结出了列举型、故事型、结论优先型三种基础的写作模板，并提供了基础之上的多种进阶组合模板，以实践有效的方法为你找到一条实现写作自由的"捷径"。

逻辑模型

思考、表达、写作逻辑精进图鉴

ISBN：9787515361512
著　者：(日)西村克己
出版社：中国青年出版社
定　价：59.00元

是否常被人质疑“你到底想说什么?”

是否总面对如山的工作感觉无处下手?

是否自觉勤恳认真却总被埋怨不够高效、抓不住重点?

本书用生动的图解揭秘：问题的根本往往在于逻辑。

作者精选了思考逻辑、表达逻辑、写作逻辑等三个方面的提升方法，对比“有逻辑的人”和“无逻辑的人”在日常生活和工作中的巨大差别，帮助读者挖掘问题背后潜藏的“根本原因”。启发读者在有限的时间内优先选择更清晰、更全面、效果更突出的解决方案，提升问题解决力，更准确地表达自己的想法，提高话语说服力。

- **这是一本适用工作、生活多场景的实用逻辑训练手册。低效、混乱、无重点等问题的根本往往在于逻辑，普通人和精英的差距往往也是不同的行事逻辑造成的。本书提供了思考、表达、写作三个日常领域的基础逻辑模型，帮助读者修补自己的逻辑bug，提升问题解决力。**
- **图文并茂，可读性强。用生动的图解展示了无逻辑的后果和原因，在清晰梳理的基础上给出简单易行的改善方法，即学即用，改变即刻发生。**
- **尤其适合渴望升级转型的职场人士，好的逻辑是成人、成事、成功的基础，逻辑思维能力是成长必修的底层技能。**

西村克己

管理咨询师。1982年硕士毕业于东京工业大学经营工学专业，后就职于富士胶片株式会社。1990年进入日本综合研究所担任主任，担任企业经营顾问，负责员工培训与演讲等方面的工作。2003年任日本芝浦工业大学工学、管理学研究科教授，且在2008年担任客座教授。